U0133652

阅读成就思想……

Read to Achieve

中国人民大学出版社

·北京·

图书在版编目（CIP）数据

成为讲书人：阅读和表达的个人精进法 / 赵冰著. -- 北京：中国人民大学出版社，2022.10
ISBN 978-7-300-30977-4

Ⅰ. ①成… Ⅱ. ①赵… Ⅲ. ①读书活动 Ⅳ. ①G252.17

中国版本图书馆 CIP 数据核字（2022）第 166621 号

成为讲书人：阅读和表达的个人精进法
赵 冰 著
Chengwei Jiangshuren: Yuedu he Biaoda de Geren Jingjinfa

出版发行	中国人民大学出版社		
社　　址	北京中关村大街 31 号	**邮政编码**	100080
电　　话	010-62511242（总编室）		010-62511770（质管部）
	010-82501766（邮购部）		010-62514148（门市部）
	010-62515195（发行公司）		010-62515275（盗版举报）
网　　址	http:// www. crup. com. cn		
经　　销	新华书店		
印　　刷	天津中印联印务有限公司		
规　　格	148 mm × 210 mm 32 开本	**版　　次**	2022 年 10 月第 1 版
印　　张	7.25 插页 1	**印　　次**	2022 年 10 月第 1 次印刷
字　　数	192 000	**定　　价**	69.00 元

版权所有　　侵权必究　　印装差错　　负责调换

前言

我为什么会成为阅读推广人

朋友，你好，感谢你翻开这本书。让我们先来聊聊读书这个话题吧。

你有没有特别喜欢的书？有没有特别想变成某本书中的人物？对你而言，读书又意味着什么呢？

我喜欢的书很多。最早，我喜欢法国科幻作家儒勒·凡尔纳的《八十天环游地球》，那本书是我上小学四年级时我父亲送给我的生日礼物。生日当天，我收到书后，马上就坐在书桌前开心地翻阅起来，很快就被书中描述的跌宕起伏的旅行经历和各具特色的风土人情深深地吸引住了。一整天，我都坐在书桌前没有挪窝，合上书后依然兴奋不已。

第二天，我迫不及待地拉上一个小伙伴，玩起了“80 分钟环游校园”的游戏。那时候，在我小小的心里，已经有了“世界那么大，我要去看看”的念头。我幻想着自己有一天能成为书中的主人公福格先生，去环游地球，体验精彩的人生。

当然，直到高考结束，我去国外念书后才实现这个梦想。我平生第一次坐飞机，第一次出国，第一次离开父母，开始过向往的生活，整个人不由得有点兴奋。然而，海外的生活并非我想象的那么自由和惬意，我需要面对语言、文化、环境、学习、打工等各种压力。那时，书籍是对我心灵最好的慰藉。高中时，老师不让我们看武侠小说，在留学时我终于弥补了这一遗憾。我去中文图书馆把金庸所有的武侠小说全都找出来，统统读了一遍。

我最喜欢的武侠小说是《神雕侠侣》，最喜欢的人物是杨过。他的不羁、他的叛逆、他的专情、他的侠义，都让我心生向往。那段时间，每到周末，我一整天都会泡在社区图书馆里，独自沉浸在一个个精彩纷呈的江湖故事里。那是一个与现实世界完全不同的世界。整整八年，书籍成了我在海外生活中最好的精神伴侣，它满足和丰盈着我的精神世界。

回到国内后，我进入了一家上市公司做职业经理人，有着不错的待遇。当然，工作不总是一帆风顺的，每当遇到困难或问题时，我还是会去翻看各种书籍。每次我都能从书中找到满意的答案，不再感到迷茫。

2013 年，我的工作和生活同时遇到了瓶颈。恰在此时，我遇到了一本真正让我开始思考自己的人生价值与意义的书——《我的生命有什么可能》。正是这本书让我下定决心去做自己热爱和向往的事情。不久之后，在周围人的不解和质疑下，我辞职创业，开了一家书店。

后来，很多人都问过我，为什么要放弃待遇优厚的工作，投入艰苦的创业之中？我是这样回答的：“有人曾经问金庸先生，我们每个人究竟要如何度过漫长而平凡的一生？老先生如同一位大侠一般，缓缓吐出八个字，‘大闹一场，悄然离去’。”

从那时起，我就成了一名阅读推广人，希望通过阅读分享去传播文化、影响身边的人。直到今天，我依然在坚持着。

回首过往，究竟是什么让我走上了追求自己梦想的道路呢？从小学四年级那本凡尔纳的科幻小说开始，到金庸的武侠江湖，再到对自己生命价值的探索，正是我读过的每本书让我感受到了读书的力量。

读书可以带领我们周游世界，穿越古今，丰富我们的知识，让我们变得明事达理。可以说，这个世界上我们想知道的一切秘密都藏在书籍里。

阅读的好处人人都懂，但我们在读书的时候还是会遇到很多具体的问题。比如，有段时间，我看到身边的朋友读书读得又快又多，自己却读得又慢又少，就感到特别焦虑；有时候，在面对厚厚的一本书时，我根本没有勇气打开，甚至干脆就放弃了；每年双十一我都会囤一大堆书，读起来却慢吞吞的，有的书从未看完过，心里很是内疚；更多的时候，我好不容易看完了一本书，要么压根没看懂，要么很快就忘记了，内心充满了挫败感。

读书太慢的焦虑感，面对一本厚书的恐惧感，书看不完的负罪感，以及读不懂、记不住的挫败感，就像四座大山一样挡在了我的面前。直到我接触到了讲书这件事，这种情况才发生了很大的变化。

我与讲书结缘，其实很偶然。我在开书店的时候，因为受到网络购书和电子书的冲击，经营相当不容易，于是我们就想尽各种办法让读者来我们的线下书店看书买书。举办读书会就是其中一个非常有效的手段，书友来参加读书会时总会带来一些消费。

在接下来的几年里，我们策划并举办了 1000 多场线下读书会。做读书会的时候，我们免不了要为书友们分享好书。渐渐地，我也就从一个卖书人变成了一个讲书人。

通过一本一本地读书、一场一场地讲书，我的读书会变得越来越受欢迎，读书会的现场常常挤满了人。后来，我把讲书的内容上传到线上平台，也获得了一波又一波的好评。同时，我的讲书也激发了大家的分享欲，越来越多的书友也想登上分享的舞台给别人讲书。

后来，有些小伙伴苦于自己不会讲书，就来向我请教。于是，我干脆做了一门课程，和大家分享我的讲书经验。这门课程从免费到收费，从线下到线上，参加者从十几人到几千人，不断地变化着。于是，我又变成了一位教人讲书的老师。

我也担任过樊登读书线上讲书人大赛、慈怀读书会讲书人比赛的导师和评委。连续几年，我在全国 14 座城市开办了 50 多期线下讲书私房课，培养了 2000 多名讲书人。2015 年，我创办了一个大型 TED 式讲书品牌——书音。我很喜欢它的口号——“听见，书的声音”。通过这个活动，我们影响了超过 10 万人的阅读习惯。

我自己深受讲书之益，几千位书友也通过讲书改变了生活。我越发坚定地相信，人人都应该学习讲书。为什么这样说呢？有四个理由。

第一，讲书可以提升个体阅读的影响力。讲书既可以更好地推广阅读，也可以帮我们放大个体阅读的影响力。我举办的书音讲书大会，每场都有超过 400 名观众到现场聆听，上万人在线上观看直播。听众们可以用两三个小时的时间吸收到 6～8 本好书的精华。这些优秀的“草根”讲书人在更大的舞台、更广的范围内推广了好书，传播了作者在书中表达的观点和讲书人自己的故事。这时候，原本私人化的个体阅读就变成了具有影响力的群体阅读。

不少优秀的讲书人也通过自己的讲书作品打造了个人品牌。有些学员的网络视频的点击量非常高，甚至达到了百万级别。一旦形成了影响力，流量和机会也会随之而来。有的学员成了各大平台的签约讲书人；有的学员成了喜马拉雅的签约主播；有的学员被邀请参加电视节目，获得了在更大平台的曝光机会，等等。

对我而言，让更多的人爱上阅读是我的初心。我希望通过讲书这种方式推广阅读，去影响更多的人。

第二，学习讲书可以锻炼表达能力。讲书是一种面向公众表达的形式。学习讲书可以帮我们有效地提升个人的演讲能力。得到的创始人罗振宇老师曾经说过，在当今社会里，我们最需要掌握的能力之一就是演讲。我把讲书拆开来，理解为“阅读 + 演讲”。讲书的本质就是用口语表达的形式，与大众分享一本好书。书是演讲的主体，有相对确定的主题和素材。而演讲能力，无论是在职场还是在生活中，其重要性都不言而喻。

在职场上，工作汇报、年会发言等都是演讲。有数据显示，在其他能力等同的情况下，公众演讲能力强的职场人士的成功概率比其他人要高出 200%。在生活中也是一样，新郎在婚礼现场的发言，孩子满月酒的祝词，同学聚会的发言……这些都是演讲。可以说，演讲无处不在。

我们通过学习讲书，既看了书，学了知识，也练习了表达，提高了演讲水平，可谓一举多得。

第三，讲书是一种高效学习法。讲书是一个通过输出倒逼自己输入的过程，这是一种很高效的学习方法。

第四，讲书可以变现。在互联网时代，讲书是实现副业变现的好方法，可以真正体现“书中自有黄金屋”。

我会在第 1 章详细向你介绍为什么讲书是高效学习的方法，以及如何才能让讲书变现。第 2 章到第 4 章分别讲解了 15 种不同的讲书技巧，这些技巧和演讲的技巧是相通的。在第 5 章和第 6 章中，我将重点介绍讲书的流程、方法以及训练技巧，以帮助你从 0 到 1，一步步成为一名成熟的讲书人。在第 7 章中，我会解析不同维度的讲书作品该如何呈现。如果你要更进一步了解如何讲书，就不要错过这一章的内容。在本书的附录部分，我还为大家提供了一些讲书工具、素材库，方便大家系统化地整理资料。

总之，讲书是一个比较小众的领域，方兴未艾。我很幸运，有机会把自己关于讲书的心得写成这本书分享给你。书里的很多观点是我的一家之言，也许存在局限性，欢迎交流指正。我也特别期待了解、学习讲书能对你的人生产生那么一点点影响，帮你打开一扇不一样的学习之门。

目录

01

左手阅读，右手演讲

本章中我们将了解什么是讲书，讲书与阅读、演讲的关系，我们为什么要学习讲书，以及讲书的运用场景和变现渠道等。

讲书是什么

讲书的源头和传统曲艺的讲评书颇有渊源。传说评书起源于东周时期，评书的祖师爷是周庄王。通常，一个说书先生在舞台上说书，背后会挂三幅画像。正中间是东周的周庄王，左上首是文昌帝君，右上首是大成至圣先师孔子，他们几位都是文化界的“神仙圣人”。也就是说，说书先生是代天子宣话，替圣人传书的。

在古代，大多数平民百姓不识字，他们上不起学，读不起书，于是就有了在街头巷尾给大家讲各种故事的说书先生。这些说书先生自己未必识字，就是靠口口相传，把很多历史故事加以演绎，传播给百姓。这就演变成了我们今天熟知的评书。

古代还有一些人，他们很有钱，完全读得起书，但是他们却不读书，而是选择雇别人讲书给自己听。这些被聘请的讲书人就是另一类私家讲书人。

我们在这本书里说的讲书人，有些类似于古代的私家讲书人。他们把一本书的内容读懂后，会浓缩、提炼出其核心内容，再讲给别人听。而听众能通过听讲书，以很高效的方式“读完”一本书。不同的是，现在的讲书人不再是私家的了。

现代的讲书活动最初出现于线下读书会，后来发展成了大型的剧场主题活动，甚至被搬上了电视节目。当讲书与网络平台相结合后，更是出现了爆炸式的增长与传播，不仅出现了线上的读书会（微信群、直播间），还有许多讲书人开始在各种音频栏目、短视频平台、直播平台讲书。讲书的功能变得更加多元化，而且讲书人除了分享交流外，还可以推销书籍，实现知识变现。

讲书不是什么

我们还需要看一下讲书“不是什么”。

讲书不是培训。它们的受众与目的都不同。培训的目的是让人学会某些知识或技能，讲书则是让人收获某些观念或知识。如果把分享一本书变成一堂课，那很容易给听众一种高高在上或者说教的感觉，并不可取。

讲书不是“复读”。讲书并非一字一句地朗读一本书，这种复读只是让听众简单地用耳朵替代了眼睛的输入功能罢了。讲书人的作用不是复述，而是用很短的时间将书里的精华内容提炼出来，加上自己的解读与见解，再传递出去。

如果要给讲书下个定义，那就是讲书人看完一本书后，经过自己的消化和理解，然后用口语表达的形式，把书里的精华内容和自己的感悟收获分享给其他人。更简单直白点说，讲书就是讲书人看完一本书，然后讲给别人听。

一次讲书的时长可长可短，从 1 分钟到 1 小时左右不等；如果时间更长，就要做成系列讲书了。讲书的场景包括以下几种：

- 线下中、小型读书会；
- 线下大型讲书活动 / 比赛；
- 讲书类电视节目；
- 线上读书会；
- 音频讲书节目；
- 短视频讲书节目。

那讲书到底应该是干货分享，是推荐卖书，还是表达读后感呢？答案是，或许都有。这取决于讲书人讲的是什么书、面对的是什么人群、带着什么目的、用多长时间，以及用什么形式去解读这本书。

讲书人给别人讲书的目的归纳起来有三个：（1）节省听众的阅读成本；（2）激发听众的阅读兴趣；（3）启发听众的深度思考。这也是讲书能够流行起来的原因。

讲书与演讲的关系

从表达形式来说，绝大多数讲书都是以演讲的方式呈现的。所以，讲书其实是演讲的一种形式。讲书和演讲的底层逻辑本来就有很多相通之处。

从“输入”与“输出”的关系来说，演讲只是讲书的输出部分，是最终呈现。讲书还包括“输入”部分，这个“输入”就是阅读。所以，你也可以理解为：

讲书 = 阅读 + 演讲

正如这一章的章名“左手阅读，右手演讲”所表达的，阅读是输入，演讲是输出。演讲的好坏很大程度上取决于演讲者自身的学识和积淀，也就是他有没有足够的“输入”。很多人一张口，你就能知道他“肚里有没有货”。

阅读是一种非常好的输入方式。通常，你看到的那些在舞台上口才很好的人，他们都读过很多书，阅读的功底也都很深厚。讲书就是阅读和演讲的结合，如果你既有表达的内容，也有表达的方式，那就能发挥更大的能量。

以我个人的经验来看，当阅读遇上演讲会产生极为美妙的“化学反应”。

第一个是“燃烧”。人天生是爱分享的，读书人看到好书，更会忍不住分享。讲书点燃了读者在阅读后的乐趣，满足了分享的成就感。

第二个是“萃取”。讲书不是把书中所有的内容都照说一遍，而是需要提炼出最值得分享的精华。听众只需花几十分钟去听别人讲一本书，就可以快速了解或判断这本书值不值得去读，可以大大节约时间。

第三个是“爆炸”。我们常常能看到很多人会分享同一本书。不同的人从不同的角度解读，就会出现不同的见解。这些不同的见解可以引发思想的碰撞，让阅读变得更加多维和立体。

人人都可以成为讲书人

自 2015 年我创办书音以来，已有上百位讲书人登上过这个舞台。其中有自称“80 后”的八旬老人周源，他分享了瞿秋白的《多余的话》；年纪最小的讲书人是九岁的肖涵匀，她讲了一本《妖精的小孩》，震撼了全场 400 多位观众；还有来自古巴的大学生李丽（中文名），她用中文讲了《中国人与古巴独立战争》；更让人钦佩的是来自浙江某高校的学生华鎏同学，她在江苏南京的金陵图书馆分享了稻盛和夫的《活法》一书，讲哭了全场。华鎏是一位天生的重度聋哑者，虽然经过后天的练习，她可以开口发声了，但讲起话来依然非常困难。当时为了配合讲书，工作人员把讲书稿打在了 PPT 上展示给听众。她非常坚强地分享了自己心目中的“活法”，激励了很多现场听众。

可见，无论男女老少，哪怕身有残疾，只要内心有分享的欲望，都可以成为讲书人。不要觉得讲书是一件门槛特别高的事，只要你有分享的愿望，想把美好的东西传递给别人，你就能成为一名讲书人。当你看到一本好书，哪怕只是一本书里的一句话时，你愿意讲出来，分享给别人，你就是一名传播好书的讲书人。

有人可能会担心自己书读得不够多、不够透，语言很贫乏，缺少文采，甚至普通话也不标准，面对众人讲话会紧张，等等。其实，这些问题都不重要。我前面介绍过的那些讲书人，他们都是普通人，都面临着巨大的挑战。如果他们能通过讲书的形式把自己喜爱的书分享出去，把自己内心真实的感受传递出去，那么相信你也一定能做到。

讲书的关键之处在于，你真的喜欢某一本书，并且愿意分享给别人。其实，人人都是有分享欲的，这是刻在人类基因里的。就好比你是一个“吃货”，遇到一家不错的馆子，吃了一道美食，一定会很想分享给身边的人。萧伯纳曾经说过：“如果你有一个苹果，我有一个苹果，彼此交换，我们每个人仍然只有一个苹果；如果你有一种思想，我有一种思想，彼此交换，我们每个人就有了两种思想，甚至比两种思想还多。”

分享是一种美德，也是快乐之本。如果你能够一直保持一种乐于分享图书的心态，再加上学会本书里讲的方法技巧，那你一定会更加快乐幸福。

讲书是让读书增值 20 倍的技能

我们已经了解了讲书就是阅读与演讲的结合，了解了讲书与其输出部分——演讲之间的关系。那么，讲书与其输入部分——阅读，又是怎样的关系呢?

对于绝大部分人来说，书只是用来读的，但是读书只不过是一种简单的、单向的输入。有一句话说得好："把读书和听讲当作学习，是对学习这件事情最大的误解。"

熟悉金庸武侠小说的小伙伴应该知道，《倚天屠龙记》一书中的张三丰小时候有一位师父，叫觉远大和尚。他练了九阳神功，内力可谓深不可测。但是结果呢，他被人追得一路狂奔逃跑，最后筋疲力尽而亡。为什么？因为他只有内力，却不会武功。而在《天龙八部》一书里，还有一位神仙似的女主角王语嫣，她通晓几乎天下所有的武功秘籍，但是依旧自身难保。为什么？因为她只懂写在书上的招式，自己却不会用。

你看，学习是不是也是这样？有时候，"知道了很多道理，却不会分享"，或者"看了很多书，却不会使用"，都是非常可悲的。

如果要养成真正高效的学习和读书习惯，就要掌握真正好的学习方式。比如，将自己学到的知识进行输出。

学习金字塔

20 世纪 40 年代，美国国家训练实验室曾提出过一个经典的"学习金字塔"模型。这个模型用数字形式形象地展示了采用不同的学习方式，学习者在学习两周之后还能记住多少内容，如图 1–1 所示。

"听讲"，也就是老师在上面说，学生在下面听，这是我们最熟悉、最常用的方式，但学习效果却是最差的，两周以后学生只能记住 5% 的内容；

用“阅读”的方式学习，可以保留 10%；用视听的方式学习，可以记住 20% 的内容；采用“演示”这种学习方式，可以记住 30% 的内容；通过“讨论”学习，可以记住 50% 的内容；通过实践的方式，可以记住 75% 的学习内容；在金字塔基座的学习方式是“教授给他人”，也就是“把你学过的东西讲给别人听”或者“马上应用”，这样可以记住 90% 的学习内容。

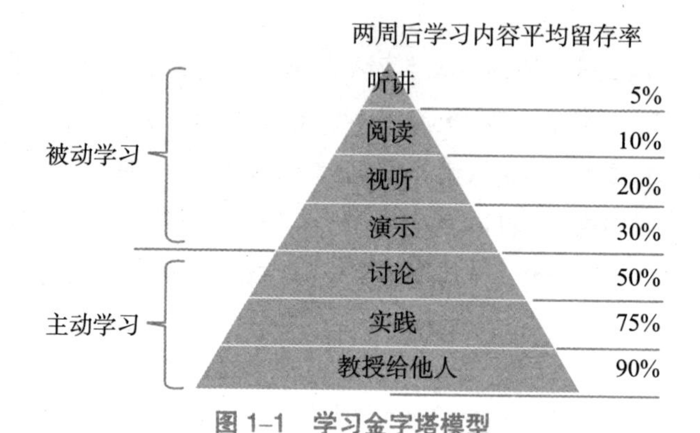

图 1–1 学习金字塔模型

数据来源：美国国家训练实验室。

图 1–1 告诉我们，听讲和看书其实属于“被动学习”层面学习的效果并不好。只有进入“主动学习”层面，主动输出，分享或教别人自己学过的东西，这样的学习效果才是最好的。

这个方法对小朋友的学习同样有效。当孩子看完一本书时，可以请他把书里的内容讲一遍给你听，或是做个“小老师”，讲给弟弟妹妹听，这样他会记得更牢，学得更扎实。

讲书是最有效的阅读输出

看完一本书后，将书中的内容输出的方法有很多种。画一幅思维导图是输出，写一篇读书笔记是输出，做一个读书 PPT 也是输出，但最有效的输出方式是给别人做一次读书分享，也就是讲书。

有人打过这样一个比方，学习有四个层次：听过、知道、理解和能讲。听过，就像你见过一辆汽车，是知识在你的大脑里出现过；知道，就像你会开车，你已经能记住这个知识了，它渗透进你的大脑了；理解，就像你会修车，这个知识和你大脑中的其他知识结成了一个网，你可以随时调用；而最高境界就是能讲，就像你会造车一样，你能把知识讲给别人听，还能确保别人有所收获。尽管这很难，但学习效果也是最好的。

诺贝尔物理学奖得主费曼教授认为，人们习惯用复杂的词汇来掩饰自己不明白的事情。要想彻底地掌握一个知识点，最好的方法就是用自己的话通俗而有条理地讲一次。这种方法被称为费曼学习法，也被誉为史上最强的学习方法。

这也是为什么在众多输出式阅读方法中，我强烈推荐你学习讲书这种技能。你可以想象一下，如果将阅读比作武功中的内功心法，那么演讲就是外功招式。一个向内求，一个向外秀。二者结合在一起，就是内外兼修了，结果则是合为一体的。学会讲书就好比同时修炼了“九阳神功”和“太极拳法”，最后你就会像张无忌一样天下无敌了。

现在，如果我问你能不能把你最近读过的一本书讲给身边的人听？你是不是会一下子卡在那里？你可能只记得书名，其他的内容就像茶壶里煮饺子——倒不出来。更“诡异”的是，再过一段时间，你会发现自己完全记不起书里的内容了，更别提什么学以致用了。请不要怀疑自己的智商和记忆力，90% 的人都会如此，这是因为你只是读过书，并没有学会书里的内容。怎样才算学会了呢？讲一个我亲身经历的故事。

在我开书店的时候，有一次，一位员工为了读书会活动预约的爽约率太高了而感到非常苦恼。他向我咨询如何才能改善这种情况。我想到了自己在讲罗伯特·西奥迪尼所著的《细节》一书时，看到的研究和分享过的案例：

当顾客打电话去饭店预定，约好了日期和时间之后，饭店都会向他们重复一遍预约的细节，并让他们确认会按照上述的约定到店后再挂上电话。这个微小的动作会使爽约率大大降低。

原理是什么呢？《细节》这本书告诉我们，这是因为绝大多数人都会遵守承诺，尤其是在这个承诺是我们主动做出的、被公之于众的情况下。这就是主动承诺的力量。饭店“确认预约”的这个步骤就是一个让顾客做出“主动承诺”的过程。

这个案例和我们读书会的情况非常相似。于是，我就建议员工使用“主动承诺”这个方法。我们在设计活动报名表时，在表格末尾加了一个“是否确定参加”的选项，要求报名者打钩确认。虽然这只是一个小小的改动，而且看似多此一举，但报名者爽约的情况确实得到了很大的改善。

我之所以能对《细节》这本书中提到的原理印象如此深刻，并且在关键的时刻拿来就用，正是因为我讲过这本书。为了讲好这本书，我在已经读过这本书的基础上，又做了一周的精读和研究准备。我把这本书的内容和要点又重新梳理、提炼了一遍，并在讲解时融入了大量实际案例。等我讲完了这本书，我对书中的知识点的理解和记忆已经不可同日而语了。所以，当我的同事问我如何减少“放鸽子”的情况时，之前讲书时讲过的案例一下子就出现了我的脑海里，我马上就可以学以致用了。

因此，真正的学会就是要知行合一。我们遇到的最大问题是知易行难。知道和做到之间之所以难以跨越，是因为其中还差了一件事，就是“说到”。

讲书的过程就是在帮助我们更好地吸收、整理、消化书中的内容。用眼睛看到信息，再用大脑处理这些信息，然后用嘴巴说出来，在这个过程中会发生神奇的反应，加深我们对这个信息的理解，把书中的内容转化成自己的知识。所以，我“发明”了一个公式：

读到 + 说到 + 做到 = 得到

这就是为什么一些优秀的人会告诉我们学完东西以后，要出去讲给别人听，因为教授是最好的学习。听书不如讲书，输出会倒逼输入。

另外，当你在分享一本书的时候，很可能会遇到同样读过这本书的读者。这时，你会好奇别人是怎么看待这本书的呢？每个人可能都会从不同的角度进行解读，提出不同的看法与见解，通过讨论，彼此会产生思想的碰撞。于是，你对一本书的理解就会变得更加立体，更加全面。

讲书是一种综合能力

也许你会问：“我没有那么多机会去做读书分享，或者我不太敢在很多人面前表达，怎么办？”没关系，你可以降低讲书的难度。在读完一本书后，你可以跟一两个朋友和家人讲讲看到的内容，以此作为你分享的开始。

你可以讲讲书中的情节、故事、观点或知识点，也可以聊聊你自己的看法、见解和态度。时间不需要太长，两三分钟就可以。当你从书中获取的信息不再只停留在你的脑海里，而是能讲给旁人听的时候，你就已经开始思考、组织语言了。因为你不太可能一字不差地复述作者的话语，你可以用自己的语言来表述，甚至重新进行加工。

为了讲好一本书，做好输出，你在输入的过程中首先需要做笔记，勤思考，画思维导图。其次，在准备讲书稿的过程中，你也需要整理思路，查阅相关资料，写成文稿。最后，你还要在公众面前用演讲的形式表达出来。

相信聪明的你已经看出来了，讲书可以说是一件综合了多种能力的事情。你能把一本书讲好，可以多方位地锻炼自己，最终受益最大的人也一定是你自己。你对知识的掌握和你的学习能力会因此上一个台阶。所以说，讲书是一个自我学习、终身成长的必备神技能。

用读过的书变现

在我看来，讲书不仅为读者、听众提供了价值，而且能为自己带来了收益，是一个值得投资的副业。

当你学会了讲书之后，你不仅仅可以把它当作一种兴趣，还可以把它作为一种变现的手段。讲书到底如何变现？变现渠道有哪些？接下来，我们将重点讲这个话题。

我总结了四个讲书变现的渠道：投稿变现、直播卖书、化书为课、做读书会。前两个属于一次性变现，而后两个则是可复利变现。

投稿变现

你可以将你的讲书作品当作一个商品卖给别人。别人付了钱，就把你的稿件版权买走了，一手交钱一手交货。

2021 年，我国知识付费行业的用户规模已达到 4.77 亿，并且还在继续增长。爱学习的你或许也使用过听书这样的服务。目前，市面上各类知识付费平台、新媒体平台对于讲书稿件有着大量的需求，如得到 App 的“每天听本书”栏目、微信听书、喜马拉雅、十点读书、有书、今日头条，等等。

听书产品已经成为各家知识付费平台的标配了。有这么大的产品需求，自然需要有生产者，于是涌现出了一批专业的讲书稿写手。只要你的稿件内容优质且找准渠道，投稿变现就不难。

目前，市面上一篇讲书稿的价格在 500～2000 元不等，优质平台的稿费已经从 6000 元涨到了 10 000 多元。对于一个爱书人而言，这是一个不错的消息，书中真的有“黄金屋”。

当然，要写讲书稿，你要先读书，然后消化加工，最后完成讲书稿。讲书稿有以下几种形式。

- 荐书稿。好书推荐的文案，每篇 200～300 字，通常用于音频或视频，时长一分钟左右，也被称为视频脚本。
- 长讲书稿。也被称为说书稿、听书稿，每篇 6000～10 000 字不等。用一篇文章把一本书的精华萃取总结出来，让读者（听众）用较少的时间（大约 20～50 分钟）了解书中的内容。主要用于音频 / 视频节目。

- 拆书稿。把一本书拆解成若干篇（5～10 篇）文章，每篇 1500～2000 字，一本书的讲解形成一个专栏。
- 书单。一个主题下的推荐书目及推荐理由，每篇大约 2500～3000 字，目的是吸引读者购买。

直播卖书

现在，直播带货非常火热。你也可以在抖音、快手、视频号、淘宝等平台开一个自己的账号，一边讲书，一边卖书。如果有人买了你推荐的书，你就能获得佣金。

不论是投稿还是带货，都是一锤子买卖。别人买断了你的版权，你就不能一稿多投了。一旦你不直播了，通常别人也不会通过你来买书了。另一种更“高级”的讲书变现做法是可复利变现。

所谓可复利，也就是有稳定的、持久的“睡后收入”，一次投入，可持续收益。比如以下这几种。

化书为课

讲书的更高境界是化书为课，就是把书里的知识融会贯通后，可以自己开课，教授别人。这种讲书变现方式是有一定门槛的，但我认为它的价值也是最大的。

要设计开发一门全新的课程，书籍是一个重要的资料来源。事实上，很多经典的书已经开发出了配套的版权课程，如《高效能人士的七个习惯》《正面管教》等。书和课本来就不分家。讲课是讲书的升级版。

要把书变成课，一般可以采用主题阅读的方式，也就是集中大量阅读某个领域的书籍，然后进行整合梳理，最终再将这个领域的知识打造成一门课。也许这个方法听上去有些新奇，但事实上，有不少人已经实践成功了。以我自己为例，我打磨过一个“学习高手训练营”的线上课。我是看了至少 17 本跟高效学习相关的书籍，又做了很多研究后，才成功开发出了一个 180 分钟的课程。

讲书是讲课的基础，讲课的要求更高，收益自然也更大。如果做成知识付费的录播课，只要不下架，收益就是持续的。

做读书会

这几年，随着全国各地倡导全民阅读，各种形式的读书会如雨后春笋般冒了出来。读书会这种基于小团体的互动交流方式提升了阅读者的阅读能力，同时也促进了书友们的社交。创办和运营读书会也成了一种变现方式。

做好读书会有三个必备技能：会读书、会讲书、会组织。

读书会创始人刚开始通常需要亲自给大家分享好书。良好的表达力能吸引你的受众，继而认可你，并追随你。由此可见，会讲书是一种关键能力。

当你成功创办了读书会之后，可以通过直接或间接的方式来变现。

直接变现

做读书会可以直接卖门票，收活动费。这样做很直接，也很简单。根据我多年做读书会的经验，在一座三线城市举办一场读书会，每人收费 35～50 元，含一杯茶水，这个价格大家都能接受。一场活动的时间控制在 2 小时以内，一般有 20 人左右参加，刨除场地费、茶水费，每场利润也有几百元。每个礼拜做一场读书会，一个月下来也有几千元的收益。

如果你觉得每场读书会都要招募参加者很麻烦，那么你可以推出一个年费会员制，提前绑定黏性高的书友。比如，承诺一年举办 50 场读书会，会员费 600～1000 元 / 人，这样就省去了反复招募的工作量。在之后的活动中，你只需要专注于服务好大家就可以了。

现在，越来越多的读书会从线下转移到了线上，服务期分为月度的、季度的、年度的，周期不等。我自己组织的线上读书会（冰叔阅读俱乐部，收费制）三个月为一个服务期，交付在小鹅通平台和微信群完成，每期下来也能获得不错的收入。

间接变现

虽然有些读书会入会是免费的，或者收费非常低，但是一旦它吸引到大量书友入会，就有了流量。在“流量为王”的时代，这可以实现间接变现。这也就是我们通常所说的“社群逻辑”。

因为入会是免费的，所以为了筛选到精准的人群，我建议设置一定的入会门槛，如采取申请制、押金制、打卡制或制定群规范等。如果不收费又无门槛，那读书会最终一定会变得毫无价值。

作为读书会发起人，当你获得了这些精准的受众后，请一定用心服务好大家，让大家对你产生强信任感。有了信任感，你就可以通过卖书、卖课、卖货实现变现。虽然这样的变现路径有点“长”，但受众黏性很高，值得一做。

优秀的讲书作品是什么样的

通过前面的介绍，相信你已经对讲书有了基本的了解。一个好的讲书作品应该是什么样子的？站在听众的角度，我总结了六点，即让人愿意听、听得懂、能相信、记得住、自带传播力、可触发听众行动。

第一，让人愿意听。只要多数听众愿意听你讲书，且愿意一直听下去，就说明讲书对他们是有吸引力的。注意，我这里强调的多数听众是指超过50% 以上的听众，因为再厉害的讲书人也不可能让所有听众都满意。

如果你在现场讲书的过程中发现听众能全神贯注、津津有味地听你讲，并且一直跟着你的思路走，那就说明他们对你的讲书很感兴趣。

第二，让人听得懂。能让听众明白你讲的意思，是讲好书的基本要求。但要做到这点并不容易。你不仅要清楚你要表达的究竟是什么，而且要能准确无误地把它传递出去。因此，你在语言表达上要做到“接地气、讲人话”。唐朝著名诗人白居易的诗就特别通俗易懂。据说他有一个习惯，每次写完诗之后，他会拿给楼下卖早点的文盲老妇人听。如果老妇人能听懂，那这首诗就算写成了，否则他就会重新修改。可见，能让你的听众听懂你到底讲的是什么，这一点很重要。

在我的课上，我常常会请学员上台当众演练讲书，再请台下的其他同学给出反馈。有时候，台下的同学听完后会反映有某个地方没有听明白。然后，台上的那位学员就会马上解释“我讲的其实是……”这时，我就会告诉台上的那位学员：“抱歉，在正式的场合，你并没有解释的机会。”

时间无法倒流，听众没听懂就是没听懂。说得绝对点，听众永远是对的。你没有讲清楚就是你的问题。比如，你要去做一个项目的路演，但只有短短几分钟时间，如果时间到了，投资人却没有听明白，那么你就失去了这个宝贵的机会。

因此，你需要事先做好充分的准备，确保听众能够听得懂。在后续的章节里，我会提到很多讲书技巧，能让听众更容易听懂。

第三，让人能相信。听众除了愿意听，听得懂你讲的，还要能相信你讲的内容。当你给出书中的新观点或超出听众原本认知范围的信息，听众很可能会想：“凭什么我要相信呢？”

除了你个人的专业背书外，最重要的是，你要提供充足的数据、案例、理论推导，去证明你要传递的观点。这些技巧我也会在具体的章节中讲解。

第四，让人记得住。我们千万不要高估人类的记忆力。德国心理学家艾宾浩斯研究发现，人们在学习之后的遗忘速度是非常快的：一小时之后，平均只能记住不到一半的内容；两周之后，90% 的内容都会被忘掉。杰克·特劳特在其所著的《新定位》一书中也提到，如今《纽约时报》一个工作日所刊登的信息量，要比生活在 17 世纪的英国人一生平均接触的信息量还要多。我们身处这个信息爆炸的时代，人们的认知负荷常常会过载，真正能记住的东西少之又少。

优秀的讲书作品有一个重要的标准，那就是令人难忘。如果听众在听完后的两个星期、一个月，甚至是半年后，还能记得你曾经讲过的某一句话，那就说明你给他留下了非常深刻的印象。

第五，自带传播力。讲一本书不是纯粹为了图个乐，也不是为了给听众助眠，而是要传播书里有价值的内容，让听众的思想或行为发生改变。

优秀的讲书作品有着超强的传播力。你或许对马丁·路德·金的著名演讲《我有一个梦想》（*I Have a Dream*）并不陌生，而乔布斯在斯坦福大学毕业典礼上那句“求知若饥，虚心若愚”（Stay Hungry，Stay Foolish）也经常被人引用。还有，英国前首相丘吉尔在第二次世界大战时发表的《我们将战斗到底》（*We Shall Fight on the Beaches*）的演讲至今仍让人记忆犹新。虽然这些伟大的演讲者已经不在人世了，但他们的思想依然能通过语言穿越时空，影响着很多后世之人。在互联网时代，优秀的讲书作品会传播得更快速、更便捷。

第六，可触发听众行动。优秀的讲书作品不仅能给予听众思想上的启发，而且可以激励他们直接去行动。

我有位朋友结婚 10 年了，有段时间他和太太关系不太好，经常吵架。后来，他听了我的关于《爱的五种语言》（*The Five Love Languages*）这本书的分享后，深受触动。他立马按照书里教的方法去实践，很快就改善了和太太的关系，家庭也越来越和睦了。

由此可见，一篇好的讲书作品就是有这样的魔力，让人听了能有所收获，能用得上，能行动起来，更能改变自己和他人。

愿意听、听得懂、能相信、记得住、自带传播力、可触发听众行动，是一篇好的讲书作品的六个标准。这六个标准的难度是逐渐递增的，都做到并不容易。别着急，让我们先从讲书的第一步，即选对一本书开始吧。

选对好书，越讲越轻松

通过前面的章节，你对什么是讲书、什么是好的讲书，以及讲书对于我们的价值已经有所了解了。如果你想开始学习讲书，就要先懂得怎样选书。图 1–2 所示的“你、我、它”选书模型，可以帮助初学者快速找到一本值得讲的好书。

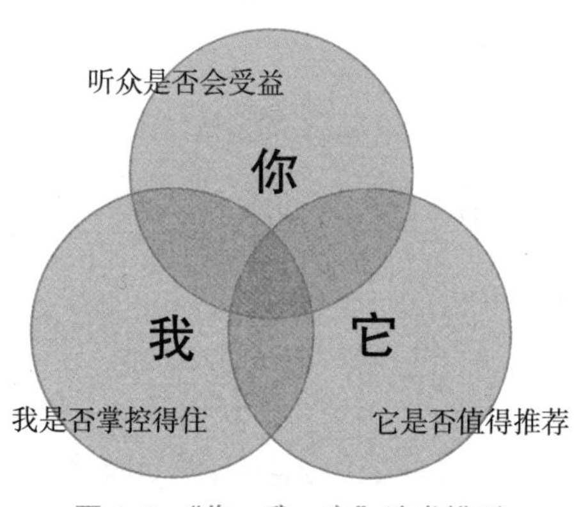

图 1–2 “你、我、它”选书模型

听众是否会受益

初学讲书的人如果发现一本书特别好，看完后往往就会迫不及待地想要去讲给别人听。但是，他常常容易忽略一个问题，那就是听众对这本书感兴趣吗?

读书笔记是写给自己的，而讲书是讲给别人听的。作为讲书人，你需要考虑听众的感受，照顾他们的利益，思考听众是否愿意听你推荐这本书。你感觉好，是不是听众也一定会感觉好呢? 比如，你的听众是一群特别关心孩子教育的宝妈们，如果这时你去给她们讲一本金融创新领域的书，就算你是这方面的专家，她们也未必听得进去。

当然，如果你能从一本书中找到听众感兴趣的切入点，也是可以的。我的学员小陈是一位摄影爱好者。上课时，他拿着一本厚厚的摄影专业书，告诉我他想讲这本书。当时，我的第一反应就是担心大家会不爱听，因为台下的听众都不是摄影爱好者。他如果去讲光圈、快门的参数，构图、色彩的运用，就只能是自我陶醉。我甚至都可以想象到听众一脸疑惑的表情。然而，出乎意料的是，小陈的讲书大受听众欢迎，那他是怎么做到的呢? 答案很有意思，他把讲书的重点放在了“手机摄影”这个主题上。

手机摄影的群众基础是不是更广，大家是不是更感兴趣? 几乎人人都会用手机拍照，但是往往又拍得不够好。小陈从摄影原理出发，把最常用的手机摄影技巧讲给大家，听众们当然愿意听了。

所以，选书时首先要考虑你的听众爱不爱听，会不会从你的讲书中受益。

我是否掌控得住

喜欢一本书并不代表你就能讲好这本书。我建议，如果你没有把你想讲的书读过两遍以上，就不要去讲。把书读两遍其实是最基本的要求。你先看一遍书，觉得不错；决定要讲之后，可以再看一遍。

作家蒋勋把《红楼梦》读了二十几遍，研究“红学”数十年，如此才能讲出书中的深意和味道。他的栏目《蒋勋说红楼》也成了听书产品里的爆款。

专业的人讲专业的书，这是一个非常好的策略。如果你是某个领域的专家，那么你对这个领域的理解一定会更全面、更深入，讲起书来也更有掌控感、更有说服力。同样地，听众也更愿意听那些有专业背景的老师解读的书。

如果你并不是专家，只是一个读书爱好者，是不是就不能选某个领域的专业书籍去讲了呢？当然不是。选一本书的前提是要读懂、读透它，尊重书中的原意，不能歪曲解读。你只要做到了这个前提，即便不是某个专业出身的，依然可以讲相关专业的书籍。

说到这里，你发现了没有？读透一本书的过程就是倒逼自己学习的过程。为了讲好一本书，除了多读几遍，你可能还要去查查有关这本书的资料，去看看别人的评论，和同样读过这本书的书友交流一番。当你对一本书理解的深度已经远超简单翻阅时，你就有了足够的自信去跟别人分享。

有些学员在刚开始写讲书稿时，会发现提炼不出书里的观点，无从下笔。这往往是因为他们只是单纯地喜欢这本书，还停留在感觉的层面，并没有真正地理解书中的内容。

即便是讲书高手，也未必适合讲所有类型的书。只是喜欢一本书还不够，你还要找到一本你能够掌控的书去讲，这才是关键。

它是否值得推荐

这里的“它”指的是书。我们在选书之前要考虑这本书是不是真的值得推荐。书实在太多了，仅仅是我国一年新出版的书籍就多达几十万种。书海浩瀚，要在这么多书里挑选，无疑是大海捞针。

我们该选择什么样的书呢？比如，那些经过时间的考验沉淀下来的、历久弥新的书，大家熟知的经典名著就属于值得推荐的好书。还有，某些专业领域的作者写的专业书也非常优质。

有些书从标题上就可以看出有夸大其词、哗众取宠的嫌疑，有些书是典型的心灵鸡汤、成功学，还有一些书更是拼凑了某个领域的二手甚至三四手的信息，断章取义、粗制滥造，经不起推敲。选择这些没什么营养的书就是在浪费时间，更严重的是可能还会误导他人。相比读什么，不读什么同样重要。

在一些专业的书评平台（比如豆瓣）或者公众号上，会有一些好书推荐。你可以看看其他读者的综合评分和评价，多看多比较，自然就有了判断。

当然，除了别人的推荐，你也要有自己的判断。你读完这本书之后，是不是真的有很大的收获和强烈的分享欲？是否觉得这本书真的能够给听众带来启发和改变？思考之后，你再决定这本书是不是应该被分享和推荐。

针对“你、我、它”模型的三个问题，如果你的答案都是肯定的，即听众会受益，我是能够解读的，它是值得被推荐的，那么你就找到了“你、我、它”三个圆圈的交集部分。恭喜你，你选对了要讲的书，可以开始着手准备讲书稿啦。

讲书高手的四阶段修炼术

在第 1 章的最后，我想谈一谈我对于讲书人的理解和一个讲书人的进阶之路。

讲书人的角色

在我看来，一名优秀的讲书人应该同时扮演好三个角色：导游、导师、导演。

导游

讲书人就像一位导游，带着听众去领略、解析书里的精华，成为听众和书之间的桥梁。

导游是典型的服务者，以游客为中心。通常你在参加一个旅行团时，一上车，导游就会先告诉你今天要去逛几个景点。

比如，你参加北京市内的一日游，导游会告诉你今天的行程安排是颐和园、天坛、故宫。然后，他会带大家依次去参观每个景点。每到一个景点，大家下车后，导游会详细介绍这个景点的历史背景、看点以及特色。旅程结束后，导游又会回顾今天去过的颐和园、天坛、故宫，做个小结。

讲书人要做的事情大致也是如此。在时间充裕的情况下，一开始讲书人要先告诉听众将要讲什么，有几个部分。然后，再一一讲解下去。最后，讲书人还要做一个总结回顾。这样，听众就能清楚明白地接收到这些信息了。

导师

讲书人如果只讲大家都知道的东西，那就是“正确的废话”，没什么价值。讲书人要“好为人师”，讲一些新鲜的，甚至颠覆常人认知的内容，带听众从已知走向未知。

比如，大多数人认为创业是一件风险很大、需要全身心投入的事业；《低风险创业》就告诉了大家一些新的观点，如“创业也可以是低风险的”“创业应该先脚踩两只船”，等等。再比如，《自控力》这本书告诉读者，“人们不是因为自控才把生活过得健康规律；而是人们把生活过得健康规律了，所以才更加自控。”

当然，好的导师不是高高在上的，而是应该保持谦虚，做好充分的准备；讲的内容要有料，要让听众真的有所收获。

导演

人生如戏，演讲自然有“演”的成分。而讲书作为演讲的一个子集，也需要讲书人适当进行表演。

导演是一部影视作品拍摄制作的组织者和领导者，是影片的总负责人。导演要组织所有的创作人员、技术人员和演职人员发挥各自的才能，把各种艺术元素综合起来，最终完成一部作品。在很大程度上，一部影视作品的质量和风格取决于导演的素质与性格。

我们也可以把讲书看成一个“表演”作品，好好地进行设计和呈现。讲书也要从“选角、选景、选剧本”开始，还包括“现场指挥布景、灯光、剧务、美术、化妆、道具、服装、摄像、录音、后期”等多方面的内容。

优秀的讲书人能熟练地使用道具，做出带有画面感的描述，还会运用讲故事、设悬念等技巧，抓住听众的注意力，让听众获得一种全方位的感官体验，犹如看了一场电影。

不同的讲书风格

我把不同的讲书风格分为三种：搬运工型、大厨师型、解梦人型。

搬运工型的风格

市面上大多数学习类 App 中的“听书”栏目就是扮演了“知识搬运工”这类角色。这类作品不加入个人见解，只是提炼出书中的精华，精准地传递知识，帮助听众节约阅读的时间。这也是对讲书人最基本的要求。通常致用类、工具类的书比较适于采用“搬运工”的讲书风格。

大厨师型的风格

所谓大厨师，顾名思义，就是会精选好食材，通过煎、炸、煮、炖、烧等各种方法，再佐以各色调料，完成一道美食。一道菜既要色香味俱全，还要充分考虑到营养搭配。

如果讲书人讲的是比较专业的书籍，那么建议采用大厨师型的风格。通常这类书籍比较晦涩枯燥，需要讲书人进行精心的加工处理，才能让听众更好地吸收消化。技艺高超的厨师做的菜品不仅能勾起食客的食欲，还能满足他们挑剔的味蕾。

比如，讲书人陈珺曾经讲过一本《苏东坡传》，他采用的是风趣幽默的风格，把这本林语堂写千年前的古人苏东坡的书讲得特别接地气，让很多原本对历史题材不感兴趣的听众都想去看这本书了。

解梦人型的风格

解梦人的任务就是要对一本书进行更深层次的解读，讲出大众所不知道的东西，尤其是那些耳熟能详的经典著作，让人听完有“如梦方醒”“原来如此”的感觉。蒋勋老师《红楼梦》时扮演的就是“解梦人”的角色。虽然你也看过这本书，但是听完他的讲解，你会发现一片与之前完全不同的新天地，甚至可能怀疑自己以前是不是看了一本“假书”。

讲书人马玉炜曾经在书音大会上讲过《鹿鼎记》(不妨想一下，如果是你，你会怎么讲)，他拿金庸先生的最后一部武侠小说和中外历史上的另外三部作品《堂吉诃德》《红楼梦》《阿Q正传》做对比，讲出了它们之间的关联，又进行了更深层的解读，听众听完大呼过瘾。

这里，对于这三种风格，我们需要补充说明几点。

第一，三种讲书风格的表达难度是有差异的。

我建议初学者先做“搬运工”。在有限的篇幅里能够清晰准确地表达出书里的意思，就已经很不错了。“大厨师”则要用到更多的讲书技巧，给予听众更棒的体验，这需要讲书人不断地去设计、打磨和练习。“解梦人”则要讲出不同于常人理解的观点，这对讲书人本身的功力要求比较高，需要他对书籍有深刻的、独到的见解。

第二，三种讲书风格之间也是可以有交集的。

有的讲书人的风格非常鲜明，有的却不一定。三种讲书风格之间也未必泾渭分明。“搬运工”也可以使用“大厨师”的风格，“大厨师”也能拥有“解梦人”的特质。有时候，“混搭”也是一种风格。

第三，讲书风格未必是固定的，讲书人可以尝试挑战不同的风格。

讲书风格可以根据书籍的种类来决定；同一位讲书人讲不同的书可以尝试用不同的讲书风格，这些风格没有好坏优劣之分。

市面上也有很多优秀的讲书作品可供参考。不过，我建议讲书人多做尝试，打造出属于自己的独特风格。我们将在本书第 7 章中介绍如何找到并打造适合自己的风格。

讲书人的进阶之路

美国作家莫提默 · J. 艾德勒和查尔斯 · 范多伦在他们的著作《如何阅读一本书》里把阅读分成了四个层次：基础阅读、检视阅读、分析阅读和主题阅读。根据这个思路，我把一个讲书人的进阶之路分成了四个层次：基础讲书、快速讲书、深度讲书、主题讲书。

基础讲书

一个讲书人只要能够正常地进行口头表达，就可以完成基础讲书。我们在学习一门技能或培养一个习惯的时候，千万不要设置太高的门槛；否则一旦达不到，就很容易放弃。

从现在起，你可以开始培养一个习惯：当你看完一本书，哪怕只是其中一个章节或者一个故事时，就马上转述给别人听。时间不需要很长，几分钟就好。你也不要担心讲得不好，先重“量”，再重“质”，请你身边熟悉的人做“小白鼠”来支持你（确保他们不会打击你）。

当你把讲书这件事启动起来后，你就会慢慢地“上瘾”并能感受到分享的快乐，讲书的习惯也会由此建立起来。

快速讲书

在这个层面，你可以把讲书当作逼自己阅读学习的重要手段，同时也要开始关注表达的技巧。看完一本书后，你可以先认真地思考下自己的收获。比如，回到书的目录，画一张思维导图，根据自己的理解把书的脉络再梳理一遍，在纸上列出讲书大纲。在做这些准备工作时，如果你觉得书里还有东西没弄懂，就再倒回去学习。

快速讲书时，你可以不用写逐字稿，讲的时间也不需要太长，一般几分钟就好。不过，你需要用一个清晰的框架来辅助，并刻意使用学过的技巧。在这个阶段，对于讲书这件事，你需要稍微有点仪式感。

比如，当你准备就绪后，就可以建一个群，发一个朋友圈，告诉大家下周二晚上八点你要讲一本书了，欢迎入群围观捧场。你也可以录制一段1～3 分钟的讲书视频，发在短视频平台，看看有多少人会点赞留言。你还可以成立一个读书学习小组，定期在线上或线下组织读书会，一起分享好书。

久而久之，你会发现你的表达能力不仅有了提高，你对书籍的应用能力也会大大提升。那些你讲过的书开始真正进入你的头脑，成为你的一部分。

深度讲书

在这个阶段，作为一名成熟的讲书人，你要更关注听众的感受，把一本好书讲透，让听众有所收获，对得起听众对你的信任。

首先，你必须在选书上下功夫，选择那些真正值得推荐的、会让听众受益的好书。我不建议你什么书都去讲，最好讲自己熟知的专业领域的书，这样更具说服力。

其次，你要深度研读这本书，多做功课，查阅资料，了解作者，以及其他读者对这本书的评价。把书读深读透，从书里读到书外，再从书外读到书里。例如，讲书人陶冶在准备讲传统文化著作《传家》时，自己就报名参加了茶道研习班。学完之后，她对书中关于茶道的学问就有了更深刻的理解，讲出来的境界自然就不一样了。有些讲书人为了讲好一本书，还会购买作者的课程。比如，讲书人徐素洁为了讲好《超级符号就是超级创意》这本书，还特地学习了华杉老师的品牌营销课，深度学习这本书背后的知识。

最后，经过充分准备后，你就可以开始着手撰写讲书稿了。深度讲书时要把学到的各种技巧应用起来，精心设计开头、中间、结尾，组织好语言，还可以做一个 PPT。有条件的话，你可以在亲朋好友面前排练几次，获得反馈后，再不断改进。

无论是在线上平台还是线下场所，深度讲书的展示时间通常会比较长。你应该把它当作一件有仪式感的事情去做，在获得个人成长的同时，也可以借此打造个人品牌，去影响更多的人。

主题讲书

真正的讲书高手可以在一个主题下讲述不同的书。他们可以围绕一个主线延展开去，古今中外，旁征博引，将书中内容讲得既有深度又有广度。例如，就“高效阅读”这个主题，讲书高手可以讲很多本书，比如《如何阅读一本书》《如何高效阅读》《杠杆阅读法》《洋葱阅读法》《学习的精进》《王者速读法》，等等。把这类书综合起来讲，就可以形成一个系统化的课题成果。

成年的人阅读本就应该以人为本，以促进思维或行动改变为目的。主题讲书虽然需要讲书人花很多时间准备，但针对一个具体、明确的主题搭建出一个完整的知识体系，对自己和听众都有巨大的价值。

从某种程度上讲，主题讲书已经超越讲书本身了，它更像一门课、一个课题研究，也可以称之为“化书为课”。完成主题讲书，你就不仅仅是一名讲书人了，而更像某一个领域的专家或导师了。

左手阅读 右手演讲

在这条学习讲书的进阶之路上，你会遇到很多问题和挑战，但也会获得乐趣和成就感，进行到底，收获最大的那个人一定是自己。

1 终身学习时代，你也可以成为讲书人

- 讲书就是看完一本书讲给别人听。
- 讲书的目的：节约听众的阅读成本；激发听众的阅读兴趣；启发听众的深度思考。
- 讲书的关键之处：你真的喜欢一本书并且愿意分享给别人。

2 讲书，让读书价值增值20倍的技能

- 讲书这个过程，可以帮助我们更好地吸收、整理、消化书中的内容；
- 读到+说到+做到=得到；
- 听书不如讲书，输出倒逼输入。

3 书中自有黄金屋，用读过的书变现

- 投稿变现：视频脚本、长讲书稿、拆书稿、书单；
- 直播卖书：一边讲书，一边卖书；
- 化书成课：自己开课，教授别人；
- 做读书会：会读书、会讲书、会组织。

4 优秀的讲书作品是什么样的

- 让人愿意听；
- 让人听得懂；
- 让人能相信；
- 让人记得住；
- 自带传播力；
- 可触发听众行动。

5 选对好书，越讲越轻松

- 你的听众是否受益？
- 我是否能掌控得住？
- 它是否值得推荐？

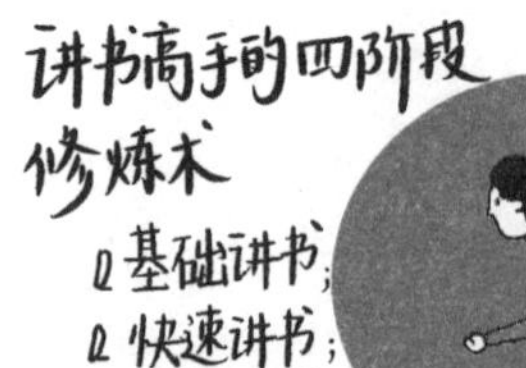

6 讲书高手的四阶段修炼术

- 基础讲书；
- 快速讲书；
- 深度讲书；
- 主题讲书。

——视觉笔记：

02

如何有效地吸引听众

本章重点讲述有效吸引听众的讲书技巧，并从是什么、有什么好处、怎样使用这几个方面讲解每个技巧。

我们学习的重点不仅仅是了解技巧，还要尝试去实践应用，越用才会越熟练。最后，我们可以把技巧本身忘掉，内化于心，能够信手拈来才是最高的境界。

悬念：5 秒钟抓住听众的注意力

现在，请你想象一个场景：你正在开车，副驾驶坐着你的朋友。这时，你的朋友接了一个电话。你能听到你朋友和电话那头的对话片段，比如，“真的假的？”“还有这种事？”“这也太劲爆了吧……”听到这些，你肯定会很想知道电话那头的人究竟讲了什么？你甚至可能恨不得他们俩赶快放下电话，你好一问究竟。

这就是悬念的力量。人天生就有好奇心。比如，网络上经常会有一些文章，我们只看了标题就会忍不住点进去。如果你看到“学会讲书，只需要这三招”这样的标题，而你又恰好对讲书感兴趣，那么你一定想知道究竟是哪三招。只需要一个非常简单的“钩子”，人们的注意力瞬间就能被吸引过去。

现代人集中注意力的时间已经变得非常短了。为了能够始终吸引听众的注意力，你可以在讲书的时候设置悬念。

传统相声里有这么一个故事，你可能听过。从前，有个老人的卧室楼上住着一位年轻人。年轻人常常深夜才回来。他进房就会脱下靴子，往地下重重一扔，“哐当”一声，声音很响，把楼下的老人惊醒，接着又“哐当”一声，另一只靴子又会重重落地。

老人要过很久才能睡着。久而久之，这位老人形成了条件反射，每晚都要等到两声“哐当”之后才能入睡。有一次，老人实在忍无可忍了，就上楼向年轻人提出抗议。

年轻人这才意识到自己影响了别人，满口答应要改正。这天晚上，年轻人深夜回到家，又是“哐当”一声，一只靴子落地了，老人忍住怒气等待着另一只靴子落地。可是他左等右等，再也没有声息了，但他不敢安睡，一直在等另一只靴子落地，结果熬到了天明。原来，年轻人昨晚照老习惯扔下一只靴子后忽然想起了老人的抗议，赶紧把第二只靴子轻轻地放到了地上，没有发出一丝声响，结果反而害得老人彻夜失眠了。

在讲书的开始埋下一个悬念，听众就会期待结局，并会在头脑中形成自己的假设。对于听众，你设置的悬念就像那只不知道什么时候会落地的靴子，只要没有揭开谜底，“那只靴子”就会始终牵动着听众们的注意力，使他们一直听下去。

设置悬念的三个方法

预告留悬念

下面是两个版本的讲书开头：

- 第一个版本：今天我要告诉你们，幸福的关键就是“快乐 + 意义”。
- 第二个版本：在接下来几分钟里，我要告诉大家，幸福的关键是什么，以及所有人该如何获得幸福。

比较一下，这两种说法哪一种好呢？显然是第二种。这就像电影做了一个片花预告，给出了问题，听众就会好奇答案是什么。而第一种说法，在一开始就剧透了结果，把关键信息都和盘托出了，大概是无法引起大家的重视了。

好的讲书作品可以像一部悬疑片，埋下伏笔，暗藏玄机。开头做一个预告，这样听众就会产生疑问，为了得到答案而一直听下去。

设问留悬念

例如，我先讲一个故事。

> 在第一次龟兔赛跑之后，兔子很不服气，于是又约了乌龟进行第二次比赛。兔子汲取了上次失败的教训，没有在路上睡觉，但最后还是输了，这是为什么呢？

看到这段，你是不是也产生了好奇呢？这就是悬念的力量。接下来，讲书人可以通过自问自答的方式，揭开谜底并带出他的观点。

> 因为这次兔子跑错了方向。由此可见，在任何竞争中，认清正确的方向和目标是首要的。

这样的自问自答，可以不断演变下去。

> 兔子和乌龟又进行了第三次比赛。这次兔子的方向也对了，中途也没有睡觉，但是最后还是输了，这又是为什么呢？因为这次比赛规则不一样了，谁后到达终点谁就赢。后来，兔子和乌龟又举行第四次比赛，这次兔子终于赢了，各位，你们知道这次比赛中发生了什么吗？

我们可以通过不断地设问留悬念来持续吸引听众的注意力，刺激听众去思考，引导他们接收一个又一个观点。

意外留悬念

这是指在讲书中穿插一些让听众感到意外的情节，以此来引发听众的好奇。比如，你可以设计这样一段话：我是一个月薪 3000 元的小白领，工作了五年都没有什么进步，但是去年我读到了一本书，在里面学到了一个方法，让我一年内就赚了 100 万。

听到这里，听众一定很想知道，那本书叫什么，那个方法究竟是什么，对吧?

诺贝尔文学奖得主阿尔贝·加缪在他的著作《局外人》的开篇这样写道："今天，妈妈死了。也许是在昨天，我搞不清楚。"如果你是读者，看到这样一段话，是不是会感到非常意外? 主人公用着一种毫无波澜甚至有点漫不经心的语气描述自己母亲的死亡。你可能会想："主人公到底为什么会这么冷漠? 接下来又发生了什么? "这就是通过制造意外，为读者留下了悬念。

使用悬念技巧的三点注意事项

第一，悬念并不是越多越好，最好不要超过三个。有段时间，我非常喜欢看悬疑类小说。通常，这类小说会设置很多悬念，一开始就能吸引人不断地往下看。但是，当悬念越来越多，有些就会渐渐变成"坑"。有的作者一味追求设置悬念，不断地"挖坑"，后面却填不上，这就有问题了。讲书也是一样，你一下子给出太多的悬念，听众反而觉得不稀奇了，会觉得这是你的套路。这样做最终会削弱故事的吸引力，使表达效果大打折扣。

第二，悬念要有足够的吸引力，但不要故弄玄虚。我听过一次《向死而生》的讲书。这位讲书人借着“死亡”这个主题，说到了她人生中遇到过一次“濒临死亡”的事件。听众一开始以为这一定是非常震撼的事情，大家的胃口都被吊足了。结果，她在结尾抖开“包袱”时，听众发现那其实只是一次非常普通的意外，完全达不到“死亡边缘”的程度。这就让现场的听众非常失望了，他们有一种上当受骗的感觉。

因此，如果你要在表达中设置悬念，请确保它一定真的有吸引力，不要虚张声势。

第三，悬念要收尾，结局要交代清楚。前面设置了悬念，如果后面没有交代结局，就像讲话讲一半，是非常不受人待见的做法。一些电影的结尾通常会有“彩蛋”，把缺失的信息补全，给出一个完美的结局。记住，最后“要让那只靴子落地”。

一般而言，悬念要放在讲书的开头，有助于一开始就创造氛围，引出下文。中间也可以设置悬念，承上启下，不断吸引听众跟着你的思路走。不过，也有极少数情况，悬念是在结尾设置的。

就像小说《雪山飞狐》的结局，胡斐最后这一刀到底是劈还是不劈，连作者金庸本人都坦言，他自己也不确定。正如倪匡所评价的：“对于一个已经走进死胡同的剧情，金庸选择不再描述，在留给读者充分想象空间的同时，也平添了些许奇趣，这正是金庸的成功之处。”

可能你自己也没有确切的答案，这就相当于一个开放式的结尾。还有一种可能，这是为了你下一次分享做铺垫，类似于“欲知后事如何，且听下回分解”。前提是，你做的是一个系列讲书，这有点像传统曲艺说评书了。

互动：听众不走神，全程无废话

2015 年，微软公司研究发现，人集中注意力的持续时间平均只有八秒。在听书的时候，长时间持续不变的感官刺激容易让人走神，听众可能会忍不住刷手机、走神或犯困。要想在最短的时间内保持住或拉回听众的注意力，互动是一个非常好的策略。

所谓互动，就是台上的讲书人带动台下的听众“互”相“动”起来，双方有来有往。可以是动“口”，也可以是动“手”。总之，这样做的目的就是提起人们的兴趣，形成良好的现场氛围。互动分两个阶段：一是在讲书过程中；二是在讲书结束后。

讲书过程中的三种互动方式

第一，鼓掌或举手。刚开始时，你可以号召大家把掌声送给上一位讲书人或主办方。通常，听众一定会鼓掌，只要他们一鼓掌，一动起来，注意力就会回到舞台上。有时候，我自己在讲书讲到一个小高潮时，会“厚着脸皮”跟听众说：此处应该有掌声哦。大家自然就会配合给出掌声。偶尔幽默一下，跟听众要掌声也是可以的。当然，这样做的目的是为了收拢听众的注意力。

除了鼓掌，我们还可以提一些问题让大家举手表决。比如，你可以问听众们：最近一年读了 20 本书的请举手……读了超过 10 本的请举手……读了少于 10 本的请举手……或者问：爱情和面包，哪个更重要？选择爱情更重要的请举手……选择面包更重要的请举手……这样做的好处是让听众获得参与感，他们会更愿意听下去。

第二，提问题。这里主要是指向听众一对一的提问。

东方人大多比较害羞内敛，在一个公开场合，你向听众提问，很多时候他们不愿意响应你，怕回答错了尴尬。因此，你务必要注意提问时的语气，要显得礼貌亲切。提的问题也一定要是容易回答的，不要让听众有压力。要知道，我们的目的不是为了考倒听众，而是要让他有参与感。对方回答完了后，一定要口头称赞，给予鼓励，并提醒其他听众为他鼓掌。这就给后面的提问环节做出了示范，大家会更放心地接受你的提问了。

当然，我们的问题也应该提前精心设计。你要预测听众的回答是不是在你的“能力范围”之内，否则就会比较尴尬。

第三，设置小游戏。你还可以发起一些小游戏，和观众进行互动，加强他们的参与感。

有一次，我分享一本关于性格行为分析的书时，让大家一起做一个动作，就是双手握在一起，十指交叉相扣，看一看是左手大拇指在上，还是右手大拇指在上。接着，我告诉大家，左手大拇指在上的人，一般右脑发达，感情细腻；右手大拇指在上的人，一般左脑发达，逻辑清晰。

这种小游戏可以让所有人都参与进来，对活跃现场气氛很有帮助。但要注意，游戏一定要简单，你的口令要清楚，听众的动作幅度不要太大，过程也不要太长。游戏做完后，要请大家把注意力再收回来。

讲书结束后的互动

前面我们介绍了三种讲书过程中的互动方式。一般在小型读书会上，讲书人分享完书之后，还会有个问答环节。这种现场的问答互动就需要靠即兴发挥了，比较考验讲书人的临场应变能力。在这个环节，听众会提出他们真正关心的、比较个人化的问题，并期待得到满意的答复。这时的互动有三个要点要记住。

首先，你应该对问答环节做好充足的准备，提前想一想听众最可能问你的三个问题分别是什么。比如，听众可能会问，你对书中印象最深的一个细节是什么？为什么？类似这类问题，你事先是完全可以预测到的。你应该提前预备好答案。

其次，在讲书开始前，你就要预告结束后会有问答环节。问答环节的时间不应该设置得过长，可以告诉大家只有三个提问机会，以此来制造稀缺感。

最后，问答环节相当于讲书后的“返场”，是对你讲书内容的补充。如果你担心冷场，没有人提问，那么可以先告诉大家，自己给提问的人准备了小礼物，用来鼓励大家提问。万一碰到实在无人提问的情况，你还可以自己给自己提问题，比如“大家也许会问我这样一个的问题……”之后再做出回答，这样就不会显得太尴尬了。

事实上，在回答问题前，你不可能百分百预判会遇到什么样的问题，有些问题也许你并没有准备过，所以处理起来需要有些技巧。具体来讲，听众提问时，你一定要认真地听，然后抓住重点。回答的时候，先感谢对方的提问，简单重复一下这个问题，确定你对问题的理解和对方的理解是一致的。

这个感谢和确认的过程大约会有几秒钟，你可以在脑海里面构思答案，组织语言，然后说出答案。回答问题时要短平快，不要拖沓，不要跑题。如果对方提出了一个超出自己能力范围的问题，那你可以坦白地承认这个问题自己需要认真思考，未来再探讨。

金句：让人印象深刻的影响力技巧

我发现了一个有趣的现象，那些经典好书里总会有一些让人回味无穷的、发人深省的好句子。同样地，好的讲书作品之所以能让人记忆犹新、口口相传，也常常是因为讲书人使用了金句这个技巧。

所谓金句，就是那些像金子一样宝贵的、有价值的、有意义的句子。这样的句子通常具备积极正面、有能量、引人思考等特质。

金句可以出现在讲书的结尾，也可以出现在开头和中间。一场 10 多分钟的讲书，无论你讲了多少内容，听众最后有可能只是记住了你讲过的金句。

金句之所以如此有影响力，在于它有四个特点。从形式上讲，它很简短，有节奏感；从内容上讲，它富有哲理，能引起人们的共鸣。金句的字数不会太多，长的最好不要超过 30 个字，短的则只有几个字。金句通常节奏感强，讲起来朗朗上口。这样便于大众记忆和传播。比如，乔布斯在斯坦福大学毕业典礼上的演讲只有四个单词“Stay hungry, Stay foolish”（求知若饥，虚心若愚）；奥巴马的就职演讲的金句只有三个单词“Yes, we can”（是的，我们一定行）。

同时，金句也是富有哲理的，能使听众产生情绪上的共鸣。比如，我曾经分享过这样一句话：如果你不能按照想要的样子去活，那么总有一天你会按照活的样子去想。很多人听完了以后，都觉得很打动人心，被触动了。

那么，金句是怎么来的呢?

收集金句

收集现成的句子，这种做法比较简单。金句的来源通常是名人名言、格言警句、文学作品、影视作品和民间俗语。

名人名言。爱因斯坦说过：持续不断地用同样的方法做同一件事情，但是期望获得不同的结果，这就是荒谬。

格言警句。它未必来自名人，甚至无法考证其出处，但很有价值。比如，“人，最大的敌人是自己。”

文学作品。诗人海子的诗：面朝大海，春暖花开。

影视作品。动画片《哪吒》：我命由我不由天。

民间俗语。古印第安人的谚语：别走得太快，等一等灵魂。

不要忘了，我们要讲的书里本身就可能有大量的好句子，刚好可以拿来引用。其实，金句还有很多来源，广告词、歌词、演讲，甚至别人的聊天当中都可能会有好句子。重点是，你要做一个有心人，平常多用心搜集。

和你分享一个小技巧，你可以给自己建立一个“金句仓库”，只要一遇到不错的句子，就立刻把它记下来，日积月累，积少成多，很快你就不缺金句了。我自己就有这样的素材库（电子文件夹），专门收集各种金句，里面已经有几百条了。

在讲书中照搬金句，然后注明出处，这样当然没有问题。如果你对自己要求更高，那么可以挑战一下，尝试自己创造金句，这样可以给人眼前一亮的感觉，也会显得你的讲书很高级。

那么，应该如何打造一个让人印象深刻的金句呢？你可以先问自己这样一句话：如果你的讲书只能被听众记住一句话，那是什么？也就是说，金句是为表达的主题观点服务的，不是为讲而讲。

创作金句的六个方法

这里有六个创作金句的方法，相信你学会后，自己也能写出金句，变成一台“金句制造机”。

第一个方法：否定

它的基本格式是：不是 A，而是 B。

美国总统肯尼迪演讲时说过：不要问国家为你做了什么，而要问你为国家做了什么。我看过的一本书里说过：人生最大的遗憾不是“我学不会”，而是“我本可以”。这种模式把一句话分成了两个部分，A 部分是旧认知，B 部分是新认知。一般来讲，B 比 A 更有深度。套用这个模型，我们就可以轻松地写出很多金句，而且会给人一种认知升级的感觉。

具体做法是：第一步，定义出要表达的句子 B，也就是你的新观点；第二步，找出相反的句子 A，也就是大家熟知的旧观点；第三步，调整表达的语序，再用连接词“不是……而是……”串联起来，形成“不是 A，而是 B”的表述。例如，第一步，我要表达“书是拿来用的”这个观点；第二步，找到相反的句子：书是拿来看的。第三步，串联连接词，它就变成了一个金句：书并不是拿来看的，而是要拿来用的。

第二个方法：类比

类比就是通过找到喻体和本体的相似点，然后打比方，让听众更容易理解。它的基本格式是：A 就像 B 一样……或者 A 是 B……比如，“人生就像手里捧着一盏水，看着它一点点漏掉，我们唯一能做的就是让它漏得慢一点。”“学历是铜牌，能力是银牌，人脉是金牌，思维是王牌。”“命运是套餐，不能单点。”

第三个方法：押韵

大脑在接收信息时，有一个奇怪的现象，只要听到的句子是押韵的，就会觉得很有道理。

小时候，我爸妈希望我多吃水果，就跟我说：一天一个苹果，医生远离我。我一听就能记住，还觉得有道理。但事实真的是这样吗？这么多年来，我也没有去考证过。

为什么人们喜欢押韵的句子呢？因为押韵的句子读起来朗朗上口，比一般的句子带给大脑的阻力要小，所以人们接受起来就更容易，传播也更容易。例如，“人善被人欺，马善被人骑”“如果只是向往，远方依旧在远方”等，这些金句无不是朗朗上口的。

第四个方法：重复

我们常说，重要的话说三遍就能让人记住。重复是打造金句的好方法。重复通常是指句式重复或用词重复。例如，恺撒大帝有句名言是“我来过，我看过，我征服过”。马丁 · 路德 · 金那句“我有一个梦想”的名言，他在演讲中一共重复了八次，结果就流传开了。

第五个方法：顶针

所谓顶针，是指上句的结尾与下句的开头使用相同的字或词，用的是“AB，BC”这样的句式。这会让人感觉语句环环紧扣，引人入胜。例如，罗振宇老师在 2015 年的跨年演讲中说道：没有道路可以通往真诚，真诚本身就是道路。《道德经》中的一句名言是：人法地，地法天，天法道，道法自然。微信有一句宣传语：世界再大，大不过你我之间。

第六个方法：“毒鸡汤”

大多数金句都是满满的正能量，“鸡汤”味十足。不过“鸡汤”喝多了，难免会让人觉得腻。有一类金句比较特别，网上把它们称为“毒鸡汤”。“毒鸡汤”揭露了生活的真相，往往非常扎心，让人会心一笑之余，别有回味。比如，“世上无难事，只要肯放弃”“生活不只眼前的苟且，还有前任发来的请帖”。

要创造“毒鸡汤”，你可以先找出一句大众熟知的金句的前半部分，然后改写后面半部分，以达到出人意料的结果。

说到这里，你会发现几乎所有的金句创作都是有套路可循的。作为初学者，你可以先去模仿修改现有的金句，很快就能打造出属于自己的金句了。

幽默：搞笑有套路，段子有方法

幽默是口语表达中一种比较有难度的技巧。有人认为，幽默与性格、天赋有关。其实，幽默也是可以后天培养和训练的。幽默并不是某些人的特权；相反，人人都可以拥有幽默的能力。

为什么我们喜欢幽默

在生活里，风趣幽默的人通常更招人喜欢。大家都喜欢幽默的人，认为他们聪明、机灵、情商高、受人欢迎。幽默的人也更容易成为众人的焦点。

生活本已不易，我们需要微笑面对。往高级点说，幽默表达了一个人的生活态度，甚至体现了一个人的文化修养。在分享一本书的时候，适当地幽默一点，更容易吸引听众的注意力，也会让你更受欢迎。

什么是好的幽默

我认为好的幽默要具备三点：有趣、智慧、原创。

有趣：要从与常人不同的视角找到独特之处，通过差异产生新奇感。

智慧：幽默往往是关于真相和痛苦的，好的幽默要有洞察力，要有智慧。

原创：生搬硬套老段子有时候并不好笑。好的幽默要能随机应变，即兴原创。

为什么幽默会让人发笑

有人专门研究过人们发笑的原理，总结下来有三条。

意外感

这就是我们常说的“情理之中，意料之外”。这种意外感正是让人发笑的根源之一。

有一次，我给学员们讲《习惯陷阱》这本书，里面有一个观点：我们要突破自我，有时候学会放弃比一味死磕更重要。为了把这个观点呈现得更有意思，我就一本正经地说：“俗话说得好：世上无难事，只要肯放弃。”当时，不少人都被这个猝不及防的“篡改”给逗乐了。

优越感

当你看到有人感到尴尬或被羞辱时，你会在对比下产生一种优胜心理，因此会发笑。

比如，当你在马路上看到有人踩到香蕉皮，摔了一跤时，你就会发笑。因为你没有摔跤，你感觉自己比对方优越；相比之下，你会因为这样的滑稽而笑出来。

宣泄感

宣泄感是指在压抑紧张情绪后，突然释放情绪所产生的幽默效果。哲学家斯宾塞说过："笑是对压抑神经的释放。"

你也许听过这样的吐槽：咱们公司工作累得要死，加班加到吐，福利又差，要不是因为咱们老板这么有魅力，我早就辞职了。

你光听前半段是不是紧张得替这位同事捏一把汗？但是，他后面的话又能圆回来，就像打了一个惊险的擦边球，释放了紧张感，获得了不错的效果。

幽默的公式

明白了发笑的原理，你就可以用一个公式去制造"幽默"了，公式如下：

段子 = 铺垫 + 包袱（笑点）[①]

铺垫不需要好笑，陈述一个事实就可以了，而且越正经严肃越好。后面的包袱必须要好笑。你让听众以为你要讲 A，结果你讲了 B。我们来分析一下下面这个句子：

大家都应该热爱小动物，因为它们很好吃。

① 摘自美国作家格雷格·迪安的作品《手把手教你玩脱口秀》。

这里的铺垫是“大家都应该热爱小动物”，听众原本会以为后面要说“因为它们很可爱”或者“因为它们是人类的好朋友”。然而，包袱实际呈现的是“因为它们很好吃”。这个包袱出人意料，就会让大家笑出来。

有了原理和公式，我们可以进一步看一下幽默的套路和技巧。与人们发笑的三个原理（意外感、优越感、宣泄感）相对应的制造幽默的方法分别是：打破预期、制造优越感、释放紧张。

打破预期

如果用一句话来概括打破预期，那就是：听众以为你要讲 A，结果你讲的是 B，从而制造出了出人意料的效果。你可以在表达时故意制造不协调或者逻辑矛盾的地方，让听众听到的结果和他们心里原以为的是相违背的。

时间或空间的错位

空间错位：例如，老王在甘肃买了一套海景房。

时间错位：莎士比亚曾说，赵冰是个好老师。

夸张的细节

例如，这哥们脖子上戴着 80 多斤的大金链子。

故意曲解

例如，秋波是啥玩意儿你怎么都不懂，怎么这么没文化呢？秋波就是秋天的菠菜。[①]

制造优越感

不要误解，这里并不是说要让你显得比别人优越；恰恰相反，你要“贬低”自己，让别人产生比你优越的感觉。

自嘲 / 自黑

把自己的缺点（甚至缺陷）拿出来，而且要故意放大这个缺点，让别人发笑。当然，前提是你有足够强大的心理，对自己的缺点能够释怀。把自己的缺点拿出来讲，需要极大的勇气，需要一种豁达的人生态度。比如，见过我本人的朋友都知道我皮肤黑，我就常会拿自己的皮肤黑来自嘲。

如果你没有缺点，那也可以找一些“刻板印象”来自黑，比如地区、外貌、学历、口音等。总之，与其让别人打脸，不如自己下手，这样更知道轻重。例如，去年我给自己定了存款 3 万的目标，到今天掐指一算，还差 5 万（为了说明自己穷）。

吐槽

主要是抒发负面情绪，但是心态要阳光积极。不能把吐槽变成“骂街”，要把握好“度”，不要太个人化、太悲观。例如，某个足球运动员说：“老有人问我，你对世界杯有什么感觉？我能有什么感觉？我又没打过。”[②]

---

① 出自赵本山、宋丹丹的小品《昨天，今天，明天》。
② 出自《吐槽大会》。

故意口误

故意制造口误，降低自己，抬高听众，从而产生喜剧效果。例如，三个诸葛亮，顶不上一个臭皮匠（正确的俗语是：三个臭皮匠，顶个诸葛亮）。

释放紧张

要释放紧张，就要先制造紧张。就像橡皮筋一样，开始绷得越紧，松开后，反弹（反差）的效果越明显。

制造紧张 + 突然释放

例如，你家老娘不是人，是九天仙女下凡尘。

假意冒犯

例如，我们领导真的太不像话了，天天只知道加班，一点都不知道爱惜自己的身体。

使用幽默的注意事项

讲了这么多关于幽默的技巧后，还有一些注意事项必须要提醒你。

禁忌不能碰

不要调侃或谈论庸俗、低俗乃至涉及宗教、他人的隐私和缺陷等方面的事情。比如，你不能拿听众的生理缺陷开玩笑，这样会冒犯到别人，搞砸精心准备的一切内容。

自我状态的调整

自嘲的时候要真实。你自己要先能接受。不要为了取悦别人，而展示你自己都无法忍受、说出来就会难受的痛处。同时，自嘲也不要不痛不痒，否则会让人感觉太“装”了，不真诚。

分清场合、对象，注意身份

在正规严肃的场合，要慎用幽默。使用幽默时，要注意自己和受众的身份，拿不准的时候，就不要刻意表现得幽默。万一造成了冷场，反而更尴尬。

转折：情理之中，意料之外

如果讲书人一直平铺直叙，不仅难以激起听众的情绪，还会让人昏昏欲睡。那么，怎样才能讲得波澜起伏、引人入胜呢？转折就是一个不错的方法。正如美国当代认知派心理学之父杰罗姆·布鲁纳所说：“故事产生于对预期的违反。”你讲的内容越是超出听众的预期，就越能产生巨大的冲击力。

喜欢看悬疑类影视剧的朋友一定会感同身受，国外的《禁闭岛》《看不见的客人》《彗星来的那一夜》，以及国内的《心迷宫》《隐秘的角落》《白夜追凶》等电影，你不看到最后一分钟都不知道真相到底是什么。各种反转让观众直呼过瘾。

讲书当中的转折是有一些特定的话术的。聪明的听众只要听到“虽然……但是……”“可是……”“万万没想到……”等词，就会立即警觉起来，因为紧接下来要讲的才是重点内容。同样地，如果你是台上的讲书人，这些词前面的内容往往就是你的铺垫；一旦讲到这些关键词，你就应该加重语气，慢下来，稍做停顿，再给出后面转折部分的内容，这样更能抓住听众。

下面来介绍一下讲书中转折的三种用法。

第一，开篇转折，破旧立新。我听过一位讲书人讲解《蔡康永的情商课》，他是这么开头的。

> 说起情商，很多人都以为，学会讨人喜欢、说话让人舒服，就是高情商的体现。实际上，如果你也这么认为，我可以非常严肃地告诉你，你陷入了一个非常可怕的情商陷阱。
>
> 事实上，一味地压抑自己的情绪，如果只为了讨人喜欢，如果只是为了“看起来情商高”，而失去了自我，这反而是低情商的极致体现。蔡康永认为：“情商的出发点与归宿都必须是自己，不然情商就没有意义。舒服地做自己，才是追求情商最重要的原因。”

这个开篇直接颠覆了人们对情商的惯常理解，一下子就引起了我的兴趣。

第二，多次转折，一波三折。例如，脱口秀演员王自健曾经在中央电视台《一本好书》节目里讲过《人类简史》这本书。刚开始，王自健提到，以前的书告诉我们在世界上发现的不同的猿人化石分别是今天世界各地人种的祖先。但其实，这是错误的。事实上，今天世界上所有的人（不管是黄种人、白种人还是黑种人）都是智人的后代。

正当我们以为这是由“物竞天择，适者生存”法则导致的时，王自健又来了一个转折，告诉大家当时的智人其实长期处于食物链底端，而且大脑能耗很高，身体退化，远不如其他动物强壮。

那么，问题来了，像这样一个毫无竞争优势的物种是如何打败尼安德特人的呢？理由竟然是我们的祖先智人太弱了。正因为智人弱，所以才学会了团队协作，把经常一个人打猎的尼安德特人包围消灭了。

这种一波三折、不断打破固有认知的讲解方式，让听众仿佛坐上了过山车，认知一路跟着讲书人的讲述而不断被刷新。这是一种很值得学习的表达手法。

第三，结尾转折，耐人寻味。微信成功之后，微信创始人张小龙在腾讯公司内部发表了一次很长的演讲，一共讲了八个小时，最后一句讲的是：我所说的，都是错的。

这样的结尾，给人的感觉并不是看完悬疑电影后“豁然开朗”，而是让人“若有所思”。不过，使用这种在结尾转折的手法要特别谨慎，一般不推荐使用。另外，尽量不要在结尾的时候给出“新知”，这样不是给听众“惊喜”，而可能会是一种“惊吓”。

用转折制造出其不意的效果，还有两点要注意：第一，确保你的转折不会被提前预料到，要让听众听完有“恍然大悟”的感觉，而不是“不过如此”。第二，不要把转折和耍花招混为一谈，否则会让人觉得你在故弄玄虚。

如何有效地吸引听众

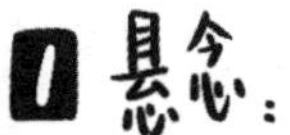

1 悬念：

5秒钟抓住听众的注意力

- 预告留悬念；
- 设问留悬念；
- 意外留悬念。

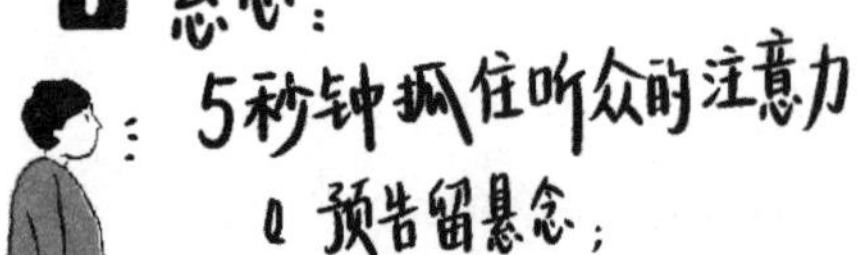

2 互动：

听众不走神，全程无废话

- 鼓掌或举手；
- 提问题；
- 设置小游戏。

3 金句：

让人印象深刻的影响力技巧

- 从现成的地方收集；
- 自己创造：否定、类比、押韵、重复、顶针、毒鸡汤。

4 幽默：

搞笑有套路，段子有方法

- 段子=铺垫+包袱；
- 发笑的三个原理：意外感、优越感、宣泄感；
- 方法：打破预期、制造优越感、释放紧张。

5 转折：

情理之中，意料之外

- 开篇转折，破旧立新；
- 多次转折，一波三折；
- 结尾转折，耐人寻味。

——视觉笔记：一伊

03

如何精准传递书中的信息

本章重点在数据、图表等辅助工具的运用上。好好运用这些工具，能让你的讲书变得更容易被理解。

用数据说话更准确

在各种演讲中，数据是使用普遍的技巧之一，在讲书中也不例外。因为数据是客观事实，不容争辩，会给听众带来压倒性的说服力。数据往往被用来有力地证明讲书人的观点。不过，使用数据并不是简单地罗列数据。我们可以借助以下四个技巧，更好地使用数据。

数据要准确具体

数字是很容易被人操控的，你不能为了说明观点而去编造数据，也不能断章取义，滥用数据。使用数据时，要客观公正，注明数据的来源。如果要提出超出大众认知的数据，你就要做好解释和说明，增加表达的可信度。一旦听众质疑你的数据是假的，那么你的整个呈现都会垮掉。

数据代表准确性，人们总是喜欢那些准确而具体的东西。如果你去商店里购物，店员一直不告诉你具体的价格是多少，你就会觉得很不安全，会怀疑里面是不是有猫腻。如今，人们也越来越依赖于根据数据做判断。比如，很多人下单买书前都会先看看豆瓣评分，然后再做决定。

准确的数据会给人带来安全感，具体的数据会给人带来信任感。关于这一点，《百年孤独》的作者马尔克斯曾经举过一个看上去有些夸张的例子："如果你说大象在天上飞，人们可能不会相信你；但是如果你说 425 头大象在天上飞，人们就可能会相信你。"

数据要让人震撼

为了更好地说明问题，使用的数据要足够震撼人心，才能让听众的认知受到巨大的冲击，让他们迫切地想知道数据背后的故事。

在《事实》这本书里，作者告诉我们，在 1950 年的时候，全球新生婴儿有 9700 万，而婴儿死亡的人数是 1440 万，死亡率是 15%。这意味着每 100 个新生儿里面，会有 15 个在一岁之前死亡。

作者抛出了一组非常令人震撼的数据，读者马上就能意识到早些年婴儿死亡率的问题有多严重了。

数据要形象生动

人们对一个冷冰冰的数字可能会没啥感觉，为了触动人心，我们可以把数据进行形象化的处理。

2019 年，天猫“双 11”当天的成交额是 2684 亿人民币，马云一个人就赚了 9.4 亿。读到这里，我们第一个感觉就是这个数字非常大，是个天文数字，可能我们普通人几辈子都赚不到。但 9.4 亿到底是什么概念呢？我们仍然缺乏具体的感知。

我们可以换个说法，这 9.4 亿就相当于一个月薪 2 万的人不吃不喝工作 3917 年，那也就意味着这个人必须从我国夏朝开始一直工作到今天，才能挣够马云一天挣的钱。这么一讲，你是不是一下子就感受到了巨大的冲击力，感知到 9.4 亿人民币是什么概念了？

如果你要体现你的数据的重要性，但是数据可能并不令人震撼，那么你可以采用“聚合数据”的方法，就是通过做乘法，乘以人数、时间等，把数据扩大。下面是一个可以参考的例子：

如果我们每人每天少用一张纸巾，每年就可以节约 259 106 吨纸巾，如果以每吨纸巾需要砍 4 棵树计算，就相当于每年少砍 100 万棵树。

你看，一张纸巾这个概念太小了，但是把数据聚合起来，乘以一年 365 天，再乘以全球 60 亿人，总量就变得极其可观了。这也会让听众意识到每天少用一张纸的重要性了。

相反，如果你要让别人更容易接受一个庞大的数据，就应该反过来把数据进行分解，也就是做除法：

如果你要投资一家社区书店，费用为 20 万元，你可能会觉得挺贵的，有点心疼钱。这个时候，你可以这么想，这个书店里的设备至少可以用 10 年，相当于每年花费 2 万元，每个月只需要 1666 元，每天只需要 54.8 元。

你看，这样一分解，虽然总量没有变，但听着给人的感觉就容易接受多了。

选取的数据要有代表性

数据要有足够大的采集样本，否则聪明的听众一下子就能识别出其中的问题。同时，列举的数据要确实能证明你的观点，而不是与主题无关。

化繁为简，便于听众记忆

有一些数据没必要那么精准。比如，月球离地球的距离是 384 401 千米，你这样讲虽然精确，但是大部分听众并不会在意，你自己讲起来也很拗口，不如直接说月球离地球的距离大概是 38 万千米。

用数据对比，说明问题

我们在讲书中展示数据本身并不是目的，而是要用这些数据来说明问题。数据本身是理性的，但听众更想知道的是数据背后的意义。那么，讲书人就要把数字背后感性的东西挖掘出来，在说明问题的同时，引起听众的共鸣。比如，我们可以把某本书的销售量作为一个对比参照，说明它的受欢迎程度。

以上的几个数据使用方法并不需要都用上，但如果可以综合起来一起使用，效果会更好。

我曾经做过一个阅读推广的分享，当时是这样呈现的。我在 PPT 上放了两个数字 4.5 和 60。我说，中国新闻出版研究院发布的《全国国民阅读调查报告》显示，2014 年我国人均图书阅读量为 4.56 本，叠在一起的厚度大约跟我的拇指差不多齐；而同一年，以色列人年阅读量为 60 本，摞起来和一个 4 岁小朋友的身高差不多。两者差距非常大。所以，我今天想和大家聊聊关于阅读推广的话题。

我提出的数据很准确，也很具体。接着，我把中国读者和以色列读者的年阅读量做了对比，说明这两者之间的差距，给人的感觉就很震撼；同时，为了更形象地说明这一差距，我把两个数据做了形象化处理，听众的感受就变得更强烈了。

用图表演示更直观

在线下读书会这样的场合讲书时，你可以准备一些图表素材，放在PPT上辅助表达，这样更直观、更生动。这里提到的图表，其实包含了图、表、照片这三种形式。

视觉是人最重要的感知器官，有科学研究表明，当听觉和视觉获得的信息不一致的时候，视觉信息会覆盖听觉信息。画面远比冗长复杂的文字描述更容易让人理解。

下面这段描述，我节选自《高效演讲》这本书：

> 三轮霸王车是庞巴迪公司生产的一种机动车。车身前面装了两个轮子，外加一个悬浮装置，车身后面还有一个后驱动轮，引擎装在中间，正好在前轮后面。驾驶员通过操控水平制动把手来控制车子的水平，自动把手安装在垂直的传动装置上，加速器和刹车也安装在这个装置上。驾驶员坐在中间，正好在后轮前面，后面还可以坐一个人。驾驶员和乘客都无法避免风雨的袭击，因为车上只有一块很小的挡风板。挡风玻璃基本上起不了什么作用，车子是钢架结构，车身是塑料的。

如果仅仅用口头语言描述这辆车子，让你在脑海里想象出它的样子，是不是挺不容易的？如果给你看图 3–1 中的这张图片，你是不是瞬间就能明白三轮霸王车长什么样子了?

图 3–1 三轮霸王车

来源:《高效演讲》。

所谓“一图胜千言”,讲的就是这个道理。图片除了帮助人们理解复杂的描述,科学发现还证实了,口语表达时配上画面,能够更好地帮助人们记忆。相比口述和文字,人们对画面的记忆会更加长久。

相信大家都见到过密密麻麻填满文字的 PPT,台上的人不得不侧着身或背对着听众,费力地读出上面的内容,底下听众的体验往往是非常不好的。

关于表达,有这么一句话:文不如表,表不如图。也就是说,你如果能够用表格去展示内容,就不要用文字;如果能够用照片或图,就不要使用表格。比如,在香帅的《钱从哪里来:中国家庭财富方案》一书中,就有大量的统计数据,如果全部用文字描述,就会显得既繁杂又不直观。这时,一张表格就可以解决这个问题。讲书人可以引用过来呈现。表 3–1 就是这本书中用到的表格之一。

表 3–1　受人工智能影响的十大“低危职业”和十大“高危职业”

低危职业	可替代概率	高危职业	可替代概率
职业理疗师	0.0035	电话销售员	0.99
内外科医生	0.0042	保险理赔师	0.98
小学教师	0.0044	出纳员	0.98
计算机系统分析师	0.0065	信贷分析师	0.98
生产制造一线主管	0.016	簿记、会计与审计职员	0.98
律师	0.035	收银员	0.97
软件应用开发工程师	0.042	厨师	0.96
执业护士	0.058	秘书／行政文员	0.96
保姆／儿童保育员	0.084	服务员	0.94
理发师／发型师／美容师	0.11	工业卡车和拖拉机操作员	0.93

要想更加生动形象地展示，除了用表格，更好的方式就是做一个图。还是在《钱从哪里来：中国家庭财富方案》这本书里，作者用图的形式，更加清晰地展示了金融行业各职位被人工智能替代的概率（见图 3–2）。

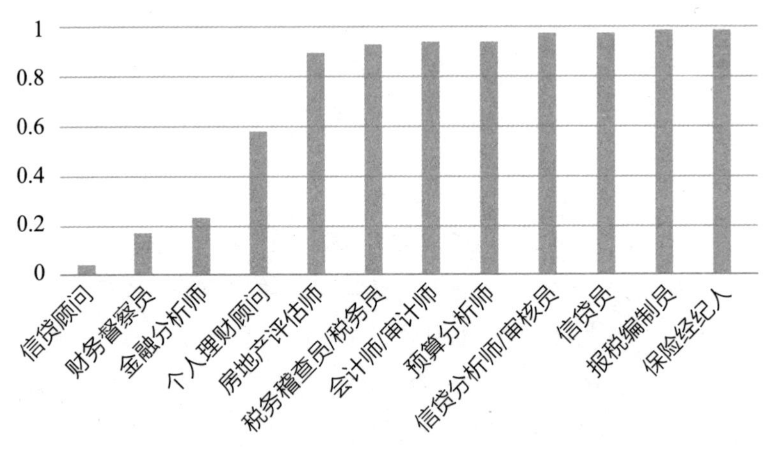

图 3–2　金融行业各职位被人工智能替代的概率

我建议每当你在讲书中准备呈现一组数据时，先想一想能不能把这些数据用图去展示出来。在我们常用的办公软件里，附带了十几种最常用的图表类型，每种图表的使用场景都不同，建议你去熟悉一下，以便今后灵活运用。

使用图表时的注意事项

第一，知道了使用图表的重要性，也许有人会觉得使用的图表越多越好。其实并非如此。如果图表和主题无关，只会增加观众的认知负担，不知道重点是什么。要想把图表的功能发挥到最大，就要先明确它们的价值，把它们用在该用的地方。千万不要让图表喧宾夺主。

第二，在有些情况下，单纯使用数字或文字的效果会更好，不要一味地迷信图表。你要展示的图表也应该尽量简单明了。在必要的情况下，你应该说明它到底是什么意思，不要觉得观众自己就能够看明白。

第三，需要强调的是，如果是引用书中的图片，请注明出处；使用从网络上下载的图片，也要标明图片来源，并且确保它们没有版权问题。如果你有手绘的技能，也可以自己独创一些配图，来辅助呈现你的内容。这样的图片还可能成为你讲书中的亮点，给听众留下深刻的印象。

不管是下载的，还是自己绘制的图片，都尽量使用高清原图。如果像素不高，图片很模糊，那还不如不用。

用视频呈现更高效

前面讲到的图表是静态呈现的辅助工具，下面我们将升级到动态的呈现技巧，也就是视频。都说“有图有真相”，有了视频，真相会更全面、真实。

近年来，人们也越来越习惯于通过视频方式接收信息了，比如网购时要先看看视频或直播上的介绍。这背后的原因很简单，视觉是人最重要的感觉，人们至少有 80% 以上的外界信息是通过视觉获得的。

在注意力高度稀缺的年代，一个人要完全依靠口语表达去吸引听众的注意力是非常难的。TED 演讲就规定时长不能超过 18 分钟。因为超过了这个时长，人就非常容易走神。可是，一部电影的时长通常都有两个小时左右，为什么人们能集中注意力看完呢？那恰恰是因为电影的视频呈现是动态的，有画面，有情节，有音效。作为讲书人，我们也可以把视频这个元素应用到我们的呈现当中，提升观众的注意力，帮助他们更好地理解和记住分享的内容。

讲书时使用视频元素的理由有以下三点。

第一，视频可以让表达更生动。例如，讲书人马文丽在讲《流浪地球》这本书的时候，播放了一段讲太阳会爆炸的科研视频。这样一小段视频可以帮助了听众们更好地理解书里的内容，拓展了大家的想象力，描述起书中的内容也就不再枯燥乏味了（当时《流浪地球》这部电影尚未上映）。

第二，视频可以让表达更具说服力。2017 年是南京大屠杀同胞遇难 80 周年，全国各地举办了很多关于“牢记历史，勿忘国耻”的主题演讲大会。有的演讲者展示了一小段当年“南京大屠杀”现场的真实影像。这些珍贵的纪实资料呈现的是铁一般的事实，不容任何人狡辩。这些视频震撼人心，引起了在场观众们巨大的情绪波动，提升了讲书的效果。

第三，视频还可以加深观众的理解和印象。在书音的一次讲书大会上，讲书人倪万俐做了一场“解开《红楼梦》密码”的主题讲书。其中一段内容是为了说明王熙凤真正的命运结局，他播放了一段 1987 年版《红楼梦》电视剧里的片段。然后，他把原著里的内容和电视剧的呈现做了对比解读，给现场观众留下了深刻的印象。

使用视频时的注意事项

无论是史料视频还是自制视频，或是媒体上的视频片段，在使用时都需要注意以下几点。

第一，视频的确可以把昏昏欲睡的观众“唤醒”，就像给大家打了一记“强心针”。但是，播放的视频不宜太长，建议不超过一分钟。在一场 TED 式的 18 分钟讲书当中，播放的视频短片不应超过四段。

第二，视频是为了解释用图片无法解释的东西，制作时务必尽量清晰。选取视频素材时要检查像素是否够用、光线是否明亮、音效是否合适。要避免选择像素过低、光线昏暗、过于吵闹的视频。如果你制作的视频画质比较低劣，那么观众反而会去关注视频的画质，而不是内容。

第三，视频必须是讲书展示当中的一个有机部分，内容是真实的、有关联的，而不是那种配有夸张音乐的宣传片。

我曾在一次讲书大赛中担任评委。有一位讲书人在讲书时，背后的大屏幕上全程播放着提前做好的视频，制作很精良，配乐也很好听，显然下了不少本钱。但是，这种过度包装的视频虽然吸引了我的注意力，但也使我关注这个视频多过讲书人的表达本身。显然，讲书人有点舍本逐末了。所以，我建议谨慎采取这种做法。

第四，视频短片最好是你自己制作的。如果是从网上下载的，就可以剪掉你不需要的片段，只保留跟主题有关的。同时，要注意版权问题，要么取得授权，要么购买版权。

第五，平时你就要留意保存你看到的不错的视频。准备一个素材库，随手保存下来，因为你不知道什么时候会用得上。有时候，等你需要时再去找，会很费力。

第六，如果你是在 PPT 中插入视频，一定要记得在上台前去检查视频和声音的效果。我就经常发现视频版本和播放器不兼容，导致视频播放不出来的情况；或者因为插入的视频文件太大，导致 PPT 卡住，甚至系统崩溃。这些情况虽不多见，但只要出现一次，就是灾难性的。所以，务必提前多测试几遍，确保视频是可以正常播放的。千万不要因为视频播放的问题，影响了听众的体验。

第七，在播放视频的时候，讲书人不要站在投影仪前，这样容易挡住听众的视线，而是应该悄悄地移到一侧，转身和听众一起看大屏幕。有必要的话，还可以对视频里的内容进行讲解，尤其是那些时间长的视频。

用道具辅助更有利

道具是辅助我们表达的一个非常有效的工具。它可能是一个物品，或是一个模型，小到一枚硬币，大到整个舞台的布景。为什么讲书中要使用道具，以及如何使用道具呢？下面我会详细地告诉你。

道具可以用来吸引观众的注意力

在注意力极其稀缺的年代，道具犹如给平淡枯燥的表达加上了“调味料”，会让人眼前一亮，可以瞬间吸引观众的注意力。

让听众更直观形象地理解听到的内容

对于一些复杂的概念，光凭语言文字很难说清楚，用道具能够强调关键信息，加强观众的记忆。比如，军事作战会议上，将领们都会拿出地图或对着沙盘进行讨论。医学院的老师上解剖课的时候，也会面对着一副人的骨架模型来给学生讲解人体骨架结构。

讲书也是这样，而且书本身就是一个很好的道具。如果你恰好要描述某本书装帧精美，那么可以将它直接展示给大家看。

缓解紧张感，让讲书人显得更专业

面对众多陌生人，讲书新手很容易紧张。如果旁边有一个你熟悉的道具，不仅能缓解你的紧张情绪，还能让你的讲书显得更专业。

有一次，我辅导过一个学员，她是非遗文化乱针绣的传承人。可是，她不太善于在公众面前讲话，排练时显得特别紧张。于是，我就帮她设计了一个环节，在讲书舞台上放了一幅乱针绣作品。

讲到一半的时候，这位讲书人就走到这幅乱针绣作品旁边，给大家做介绍。因为这是她自己特别擅长的事情，所以她马上就进入了状态，不仅不紧张了，还能侃侃而谈，非常投入，也特别真诚。那场分享下来，观众反响特别好。

让讲书更戏剧化、更有趣

我的朋友阿布老师曾讲过科普书《鸡征服世界》，这本书介绍的是鸡这个物种在地球上的演化历程。为了更好地讲解，他在讲书一开场就戴上了一个鸡冠形状的道具帽，化身为“一只鸡”，接着用第一人称完成了整场讲书，显得非常有趣。

使用道具的注意事项

讲完了使用道具的好处，我们也来聊一聊在使用道具时需要注意的事项。

第一，提前演练，确保你的道具可以正常使用。我曾经参加过一次高科技产品的展示会，一位嘉宾介绍了一款新型机器人产品。他的 PPT 上展示了很多很炫酷的功能。最后，他请出了这款机器人，给大家做现场演示。当时，台下的观众都很兴奋。可是没想到，在这位嘉宾摁下控制键之后不久，这个机器人就倒在了台下，浑身冒起了电火花，再也动弹不了了，底下观众一片哄笑。

这位嘉宾前面讲得都很好，也吊足了大家的胃口，可是在最后的道具演示环节却垮掉了。还好没有酿成火灾事故，否则后果不堪设想。显然，这个道具的使用是失败的。因此，我们在上台前一定要确保道具是可以正常使用的。很可能现场的环境跟你在台下排练的时候是有所区别的。一个失败的道具展示还不如不展示，或者提前准备一个备份。

第二，要让观众看得见道具。当你展示一个道具时，一定要让人人都看得见。如果你的道具较大，那你讲解的时候，最好站在道具的后面，与道具保持一定距离，不要阻挡观众的视线，特别是不要忽视两侧的观众，让他们也能看到。如果道具本身就很小，或者不太明显，前排的观众或许能看见，但后排的观众可能就看不见了。这时，你可以走近一点，条件允许的话，甚至可以走到观众当中去展示。但是，注意千万不要让道具在观众中传看。道具一旦到了观众手里，可能他们对道具的兴趣就会超过对你的兴趣，注意力或许就不在你的讲解上了。

还有一种解决方法就是，在展示道具的同时，用语言加以解释，或是在 PPT 上打出道具的图示。

我有一次讲书，刚开始的时候我从兜里拿出了一粒种子用来比喻在心里种下的种子。不过，种子一般都很小，我特地用了一个大一点的枣核。其实，枣核也还是太小了，我就强调说明了一下。在结尾处，我说，当年那颗种子已经长出了一朵花。这时，我又从口袋里掏出了一朵我事先准备好的花，跟我讲的内容做了一个呼应。

第三，需要用到的时候再展示道具。如果你要展示一个道具，可以先把它放在观众看不见的地方，直到快要讲到这个东西时才拿出来。完成了讲解之后，再把它放回原处，这样可以防止听众分心。

第四，用道具说明时要清晰明了。如果需要用道具来解释说明一件事，你应该先向大家解释一下为什么要使用这个道具，这个道具是什么，讲解过程要清晰明了。

在讲解的时候，你应该对着听众讲，而不是对着道具讲。你可以一边讲一边看看道具，但如果你的眼睛一直盯着道具，那就会失去与听众的视线交流。跟听众保持视线交流，你可以得到信息反馈，知道自己的讲解是否被听众理解了。

第五，使用道具不要太过密集。毕竟，道具只是辅助工作，不能喧宾夺主。如果演的成分太多了，就会造成一种造作感和表演感，令人反感。

类比：让外行秒懂的技巧

书里的知识有的比较专业，讲书时如何能让外行听众马上听懂是个难题。有个技巧可以派上用场，那就是类比。

类比做解释

新中国成立初期，我们国家邀请了很多外国贵宾进行文化交流。在一次外事活动中，周总理通知工作人员给外宾们放一部《梁山伯与祝英台》

的彩色越剧影片。工作人员为了让外宾了解电影内容，撰写了整整 15 页的说明材料。后来，周总理审阅时，就批评工作人员说："不看对象，对牛弹琴。"随后，他在请柬上只写了一句话："请您欣赏一部彩色歌剧电影——中国的《罗密欧与朱丽叶》。"

周总理把中国的"梁山伯与祝英台"和西方人熟知的"罗密欧与朱丽叶"做类比，可谓四两拨千斤，非常巧妙。做类比，打比方，就是借用对方已知的信息来说明未知的信息，以此来减少接收新知识和新信息的障碍。

比如，有一套书叫作《孤独星球》(*Lonely Planet*)，这是一个专门介绍各个国家的旅行攻略的系列书，在背包客当中非常有名，简直就是人手一本，可以说是背包客的必备书。当你向听众介绍时，就可以说，《孤独星球》对背包客的意义就好比《圣经》对基督教徒的意义。

再比如，《蛤蟆先生去看心理医生》这本书里提到的蛤蟆先生是谁呢？我们可能以为只是随便起了个名字。事实上，蛤蟆先生是英国著名童话《柳林风声》里的一个人物。很多孩子都知道这个故事。故事里，蛤蟆先生爱冒险，追求刺激，对什么事都只有三分钟热度。他还和三个好朋友踏上了一场冒险之旅，旅途上事故不断，几个人经历了九死一生。讲书人在介绍时就可以说，蛤蟆先生就像是英国的孙悟空。

这样一类比，是不是清楚多了？注意，做类比的时候，未必要追求十分精确，只要能达成解释的目的即可。

类比更生动

类比这个技巧除了用来解释陌生的概念，还能让我们的表达更生动，更吸引人。

《奇葩说》第三季的某位选手曾发表过一番演讲感言，让我感到相当震撼。当时他是这么说的：

> 西门吹雪是古龙笔下的名剑客，他孤高骄傲，剑法天下无双。陆小凤和花满楼去拜访他，回程的时候，花满楼就说“今天我总算懂了西门吹雪是怎么练成他的绝代剑法的”。
>
> 因为，他把自己的生命都奉献给了他的剑法。他只有在用剑的时候是活着的，其他时候只是在等待。
>
> 我们辩论人就是西门吹雪，只有在辩论的时候才感觉到自己是活着的，其他时候只是在等待而已。
>
> 小时候，我以为辩论是我的命。长大以后，我发现这是真的。有很多的人以为我喜欢辩论，有更多的人认为我爱辩论，其实他们都错了，我只是想要活下去而已！

我听完这段发言的第一反应是“毛骨悚然”，当时就起了一身鸡皮疙瘩。我被一个人对一件事情的热爱深深地感动了。这位辩手也因他的获奖感言而被封为辩论届的“西门吹雪”。他也正是运用了类比的手法，把辩论人比作西门吹雪，生动地诠释了什么叫极致的热爱。这比干巴巴地讲“热爱”这个话题要好很多。

训练类比思维

了解了类比的用法和好处，我们再来学习怎样才能让自己也拥有类比思维。

我们先了解三个概念：本体、喻体、相似点。本体就是被类比的事物，喻体就是用于打比方的事物，相似点就是二者之间相似的部分。例如，我把人生当作本体，旅行当作喻体，两者相似的地方是：过程很重要。于是，我就可以说：人生就像一趟旅行，终点是确定的，但沿途的风景才更值得欣赏。

这里有一个很好用的工具，叫作“类比九宫格”，也是一个小游戏，可以协助你完成类比训练。你要在纸上画两个九宫格（如图 3–3 所示）。左边这个九宫格叫作“事物九宫格”，你可以在九个格子里随机写上一些具体的事物。右边这个九宫格叫作“概念九宫格”，你也可以随机写上九个抽象的概念。

然后，你从右边的九宫格里随机选一个词，再看一下左边的九宫格里的事物，想想有没有可以做类比的词。把二者关联起来，最后组成一句话。

事物九宫格

发动机	电脑	孔明灯
火车	发动机	书
子弹	雨伞	水滴

概念九宫格

人生	梦想	工作
成长	文明	命运
友谊	艺术	选择

图 3–3 类比九宫格

上面是我画的两个九宫格。我在右边的九宫格里选了“友谊”，在左边的九宫格里选了“雨伞”，把二者关联起来，就能做个简单的类比：好的友谊就像一把雨伞，可以为我们挡风遮雨。

方法教给你了，还需要你平常多做这种思维练习。同时，还有一个更简单的训练方法，你随时都可以用来锻炼自己的类比思维。在每天上下班的路上，你可以先在脑子里想一个要打比方的概念，再看眼前有没有合适的东西，思考下两者的相似点，马上关联起来，组成一句话，就完成了一个类比训练了。长此以往，你的类比思维就会越来越厉害。

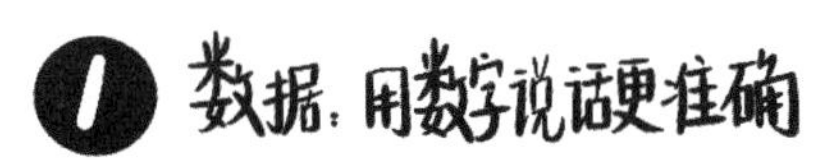

1 数据：用数字说话更准确

1440万

- 数据要准确具体；
- 数据要让人震撼；
- 数据要形象生动；
- 用数据对比，说明问题。

2 图表：用图表演示更直观

- 图；
- 表格；
- 照片。

3 视频：用视频呈现更高效

- 表达更生动；
- 更具说服力；
- 加深观众的理解和印象。

4 道具：用道具辅助更有利

- 吸引观众的注意力；
- 更直观、形象地理解；
- 缓解讲书人的紧张；
- 让讲书更戏剧化，更感有趣。

5 类比：让外行秒懂的技巧

- 类比做解释；
- 类比更生动；
- 训练类比思维。

如何精准传递书中的信息

——视觉笔记：一伊

04

如何用书中的观点有力地说服听众

本章重点讲解如何让自己的讲书更有说服力。对于每一种技巧，依然会从是什么、怎么用和注意事项这几个方面去讲。

典故：古为今用的价值

典故一般是指诗文中引用的古代故事和有来历的词语，或是具有教育意义且大众耳熟能详的人物、事件。

典故的来源大致有三个。一是来源于故事、传说、习俗、神话或者历史上的著名事件，比如嫦娥奔月、夸父逐日、桃园三结义，等等。二是来源于一些历史书或文学作品中的故事和人物。比如，古代有个叫谢灵运的诗人，说世界上所有人的才华加起来要有十斗的话，曹植一个人就占了八斗，他自己一斗，天下人共分一斗。后来人们就称才华出众的人为“才高八斗”。三是来源于宗教典籍上的人物、故事、礼仪等。比如，“当头棒喝”这个典故就来源于佛学经典《五灯会元》，比喻严厉警告，促使人猛醒过来。

在讲书中使用典故的好处

典故通常都经受了时间长河的洗礼，是大众所熟知的，具有强大的传播力。讲书人引用典故，可以瞬间拉近和听众的距离。同时，它还能提升讲书内容的说服力，使其更容易获得别人的认同。

如果你去分享一本学习类的书籍，就可以提到“知者行之始，行者知之成”这句话。这句话来自王阳明的《传习录》，是“知是行的开始，行是知的完成”的意思，也就是强调学习需要知行合一。

要想在听众心中留下一个好印象，除了注意外在形象之外，个人的文化素养也很重要。文化素养需要通过语言来体现，比如使用典故就能提升自己的语言魅力，彰显出讲书人的博学。

我们在前面举的例子里，呈现的都是跟典故相关的词语，基本上不用做太多解释，大家一听就明白是什么意思。我们在讲书中，可以把典故故事作为案例来论证自己的观点。比如，中学课文里有这么一则故事，说的是四川边远地区生活着两个贫富悬殊的和尚，都想到南海朝圣。富和尚几年间一直打算雇船顺江而下，直到南海，但他一直只是在做各种筹划，最终没有去成。穷和尚却凭着一个用来装水的瓶子和一只讨饭的钵，一路化缘，步行到达了南海，并且成功返回。

这个“贫僧与富僧”的典故背后蕴藏的道理就是：坚韧不拔的毅力和不达目的誓不罢休的坚定信念才是成功的关键要素。一个人如果不发挥这种主观能动性，没有这种毅力和信念，是很难成事的。对于一个有志之人而言，逆境、困难、艰苦正是他磨炼自己的好机会。

类似这样的典故其实很多，你只要平常用心收集，就能在需要的时候随取随用。

使用典故时的注意事项

典故的引用要短小精悍，能说明问题即可，不要为了用典故而用典故。

在使用典故时，要做到表述准确，避免出现低级错误，不然就会弄巧成拙。如果你不确定，可以先去查询好资料再引用，以免词不达意。经常看到有人用老子说的“天地不仁”来表达“无情无义”的意思，用《诗经》里的“七月流火”来形容天气炎热，这些错误的用法都是因为对典故一知半解。随意套用典故，恐怕会贻笑大方。

使用典故时还要注意场合和听众，如果你使用的典故别人听不懂，反而会造成听众的理解负担，倒不如干脆不讲。典故如果是文言文，引用时可以翻译成大家都听得懂的白话文。

时事：热点新闻更吸睛

之前提到的典故一般指的是较远时代发生的故事或由此产生的词语。而这里提到的时事指的是最近才发生的事件。这里说的“时事”不局限于新闻事件，还包括当下的热门话题、热点人物、热门影视作品，等等。

身处互联网时代，几乎每天都会发生热点事件。如果你是一个不太关注热点的人，那么除了传统媒体之外，你还可以通过各大网络平台都有的热点板块之类的渠道找到最新的热点。比如，微博的热门话题和热搜、百度的热榜、头条号的热点创作等都会列出最近的热点事件，连目前最火的短视频平台（如抖音、快手等）也会刷出这样的热点报道。这些热点甚至还会有热度值，会根据大家的关注度实时变化。

时事热点传播起来也特别快。今天某部电影火了，明天某个国产品牌出圈了，后天又有一个社会事件引发了热议。这些热点事件往往都自带流量，如果讲书人结合当下某个热点时事，恰当引入，就更容易引起听众的共鸣，也更容易阐述自己的观点。

为了更好地抓住听众的注意力，我建议一开始就把时事抛出来。记得在一次书音大会上，小平老师讲的是一本关于亲子育儿的书——《全脑教养法》。讲书当天离我们国家的 70 周年国庆过去还不到一个月，她设计的开场是像下面这样的。

> 最近有一部电影叫《我和我的祖国》，大家都看过吗？国庆假期，我和我的先生带着双胞胎宝宝去电影院看了这部片子，现场我几度热泪盈眶，非常感动。我内心更是一阵阵高呼："亲爱的祖国，70 岁生日快乐！"
>
> 这部影片中最触动我的是吕潇然的故事。吕潇然从小就特别有主见，长大以后，她成了一名优秀的女飞行员。但在一次非常重要的阅兵仪式中，她却只被安排执行备飞任务。这时，她的男朋友还跟她提出了分手。那她倒下了吗？没有，她迅速地调整好自己的情绪，继续参与到了高强度的训练中。
>
> 在最后正式的阅兵仪式上，她本来是有机会代替飞机出故障的队友，去参加她心心念念的阅兵仪式，飞过北京天安门的，但她却选择了帮助队友排除故障，让队友继续前行，自己则安静返航。
>
> 我被她这样强大的内心和大格局震撼到了。当时，坐在我旁边的双胞胎宝宝似乎也看懂了这个情节，跟我说："妈妈，长大以后，我也要像阿姨一样。"
>
> 作为一个母亲，我们是多么地希望我们的孩子健康、快乐。我们是多么地希望，无论他们在未来的人生中遇到了什么、经历了什么，都能够迅速地处理好自己的情绪，战胜困难，穿越黑暗，再一次体验到快乐。那有没有一种办法，帮助我们培养出这样的孩子呢？今天，我就要和大家分享一种全脑教养法。

这篇讲书的开头一共不到两分钟的时间，讲书人带入了刚刚上映的、大家都熟悉的电影《我和我的祖国》中的情节，再以自己的观影感受作为引子，展开讲述。这样做可以很自然地把现场听众带到讲书人设置的语境里。

引用时事需要注意的四点

第一，时事有一定的时效性。热点通常来得快，去得也快。如果新闻变成了旧闻，你再去讲它，效果就会差很多。

新闻容易过时，这一点当然不利于引用。而且，现在很多新闻在发酵期间会不停地反转，搞得我们根本不知道事件的真相到底是什么。在这种情况下，还是“让子弹飞一会儿”，等待真相出现，有了结论后再引用。否则，“打脸”的事件就会影响表达效果。

第二，你选取的热点要真的有比较高的知名度和热度。如果你引用的时事知道的听众不多，那就无法引起大家的共鸣，还会适得其反。

我看到过很多次，在台上的讲书人说“大家都知道，最近发生了XXX 事件”后，台下的听众看起来却一脸茫然。事实上，他们并不知道这件事，甚至还需要当场上网搜索详情。

显然，这样的素材就选得不够好。作为讲书人，你务必要记住，当你说出“大家都知道”这句话时，一定要想一想，是不是大家真的都知道了，不要自以为是。

第三，除了时事本身的热度外，面对不同的听众对象，也要注意使用不同的时事。例如，2021 年 11 月，EDG 俱乐部战队在电竞比赛中夺冠的消息刷爆了朋友圈。但是像我这样不玩电竞的中年人却一头雾水，甚至连 EDG 是什么都不知道。

想象一下，如果你的讲书对象都是像我这样的人，你去引用电竞赛事的热点，就可能达不到预期效果了。现在，这个世界不再是“平”的了，而是“碎”的。不同领域的人像是生活在不同的时空，有着巨大的鸿沟。我们要学会见什么人，讲什么话。

反过来，如果你非常清楚你的听众的构成，就可以把时事这个技巧发挥到极致。例如，在 2019 年 4 月 23 日我们举办的书音大会上，一位讲书人分享了《父母的语言》这本书。她一上台就请现场所有人为一位 17 岁的男孩默哀。就在这次分享的几天前，一位男孩因为琐事和母亲争吵，从高架桥上跳下，当场死亡，引发了热议。默哀毕，讲书人由这个悲剧事件出发，开始分享《父母的语言》。

这样一件刚刚过去不久的新闻事件在当时非常轰动，这样的讲书方式也给现场家长带来了巨大的冲击。我记得，那天现场的氛围非常肃静，所有听众全程都在全神贯注地聆听，非常投入。

第四，价值观取向。热点事件当中最能引起人们注意的往往是一些负面新闻，诸如明星绯闻、艺人之间闹矛盾、相互攻击，等等。这些八卦新闻的确是很多“吃瓜群众”的最爱。但是，不要忘记讲书是有公众属性的，我们在选择引用时事时，应该选择凸显正面价值观的素材，宣传积极向上、正面阳光的内容。讲书人不要刻意为了吸引眼球而哗众取宠。负面新闻不是不可以用，我们应该拿来当作负面教材，有甄别地使用。

案例：事件故事有场景

案例就是人们在工作生活当中所经历的典型的、富有意义的事件。最初起用“案例”一词的是医学界。具体讲，案例就是对病情诊断、处理方法的记录，为了方便以后有据可查。根据案例，医生们可以对相关问题进行深入的研究分析，从中找出带有规律性和普遍性的成分。这是应用性学科最快捷、准确的研究手段之一。

在 MBA 课程的学习中，案例作为能够有效传递教学信息的载体，备受推崇。案例教学可以让学员投入真实的场景里模拟实践，迅速提升能力。所以，人们常常把案例作为一种工具进行说服、思考和教育。

为什么要使用案例

为什么要使用案例这个技巧呢？答案很简单，就是七个字：摆事实，不讲道理。

这里的“不讲道理”当然不是“蛮不讲理”的意思，而是要少讲大道理。因为摆事实、讲案例，远比空讲大道理更有说服力，更有感染力。扪心自问，从小到大，我们听过的道理还少吗？为什么听过了很多道理，依然过不好这一生？因为，道理是道理，缺乏事实证明，你未必真信，当然也谈不上践行了。

道理虽然正确，但往往是枯燥、乏味的。那我们怎么做才能把要讲的道理植入听众的心里呢？使用案例就是很不错的方法。如果你养过宠物可能就知道，当你给小狗喂驱除体内寄生虫的药的时候，小狗很可能不爱吃。这个时候，你可以把这个药丸藏在一个肉丸里面，把肉丸喂给小狗吃，它就会连丸子带药一起吃下去。要讲的道理就好比药丸，案例就是包裹在外面的肉丸。有了案例的说明，道理自然就容易被接受了。

案例除了可以让听众更容易接受观点，还能让内容更长久地停留在听众的大脑里。聪明的你可能已经发现了，在本书中，我在向你讲解知识点的同时，还会举出一些案例来分析、说明，去论证我讲的知识点。甚至，你有可能已经想不起具体的知识点是什么，但是那些案例你却能记住。你通过案例就能回忆起听过的知识，是不是很神奇？因为案例是具有故事属性的，所以更容易被人接受和记住。

案例和故事有什么区别

看了上面的内容，你可能会问：那案例和故事之间又有什么不同呢？

案例类似于故事，但又不是一般的故事，两者之间的界限有时的确不太明显，但它们有一个本质的区别：故事是可以杜撰的，而案例必须是真实的。案例所反映的是真实发生过的事件。另外，在故事的描述中，讲书人可以加入戏剧性的创造；而案例就是一个事实，是事件的真实再现。而且，案例必须有典型意义，必须能给听众带来一定的启发和体会。

讲书中如何使用案例，又有哪些注意事项

第一，我们要选择什么样的案例呢？案例的选择当然是为观点服务的，所以案例要有足够的说服力。同时，案例一定是典型的，不能是特别的个案，否则较真的听众会觉得你是在以偏概全，误导大家。

通常有几种类型的案例更具有说服力：讲书人本人的亲身经历、听众身边熟悉的人的经历、知名人士以及知名企业的经历。

在这些经历当中，如果有可能，我首先强烈建议你讲自己的案例。因为你讲自己的案例会更有感觉，听众也很难发出质疑。最重要的是，个人案例很真实，能显示出你的真诚。

第二，讲书时如何更好地使用案例这个技巧呢？分享案例一般是为了佐证你提出的观点，或是为了解释你提出的比较复杂的新概念、新理念。

我讲过一本书《认知觉醒》，这本书里提出了一个观点，当一个人面对困难产生焦虑时，可以找到意义感去化解。提出这个观点后，接着我是这么讲的：

> 举个例子，“9·11”恐怖袭击时，有一家金融公司刚好就在世贸大厦，纽约办事处有1000人，其中2/3的员工当场死亡，公司里的计算机系统全部被毁。这是一个巨大的打击，对于剩下的还活着的员工，他们怎样才能面对和突破困局呢？
>
> 这时，董事长做了一个决定，在接下来的五年内，把公司利润的25%捐给遇难员工的家属。没想到这个政策一出来，原来一盘散沙、非常沮丧的幸存者们瞬间被点燃。所有人决定一定要为这个目标而奋斗。他们完全不计较加班的时间，每天工作12～16个小时。到了2006年，也就是五年后，他们的业绩远远超出了目标，为遇难者家属总计筹集了1.8亿美金。
>
> 这个例子告诉我们，当面对困难时，找到意义感是可以激发出巨大动力的。

案例一般都是在提出观点之后紧接着给出的。在讲观点和案例之间，通常会有一个标志性的连接词——举个例子。在讲完例子之后，为了更好地强调使用这个案例的作用，讲书人还可以加一句“这个例子告诉我们……”然后，再做一番总结。

第三，补充一些我自己讲书时分享案例的心得。如果时间充裕，我一般会围绕一个主题讲两三个案例。为了避免重复，第一个案例选择反面案例，展示一个错误的示范；第二个案例选择正面案例，展示一个正确的示范；第三个是自己的真实案例，更有说服力。这样，讲书的论证就会显得很完整，很有层次。这个心得供你参考。

细节：具体细节出共鸣

人们天生就对故事感兴趣，它能快速拉近人与人之间的距离。一本书最能引发共鸣的就是故事，在第 6 章中，我会和你详细聊聊讲故事的方法。接下来，我们介绍其中一个讲好故事的技巧——细节。

故事中的细节

好的故事就像小说和电影里一个令人难忘的形象或镜头，会被铭刻在听众的大脑里。例如，《辛德勒名单》中穿红色衣服的小女孩；《林海雪原》里穿着白色斗篷、勇敢杀敌的杨子荣；《追风筝的人》里一起放风筝的少爷哈米尔和仆人哈桑；《平凡的世界》的开篇中，用勺子把盆底上混合着雨水的剩菜汤往自己碗里舀的孙少平……这些形象之所以能在观众和读者的心里留下深刻的印象，就是因为用了大量的细节。

科学家研究发现，人和动物很重要的区别就在于人会共情。共情就是大脑中共享的表征被触发了。比如，一个人看到他人的疼痛会感同身受，那是因为他在观察他人的痛苦时，激活了自己疼痛时相同的神经区域。讲书人在表达时植入的细节越多越具体，就越容易在听众的大脑里形成画面，让人产生广泛的联想，也越容易触发人类的共情。这就是细节的力量。

怎样为故事增添细节

小时候，我们都学过故事是由一个事件或是一系列事件组成的。时间、地点、人物、行为、结果等都是构成事件的基本元素。但仅仅有这些元素，一个故事就可信、就饱满了吗?

我们看一下“2013 年的 12 月 31 日晚上 11 点，我走在上海外滩的马路上”这个句子，虽然这句话里事件的要素都有了，但这肯定不算一个有细节的故事。光有这些还远远不够，还需要加入细节描述。方法就是调动听众所有的感官，让他们听到、摸到、闻到、尝到、看到你的故事。

听觉：声音细节

你可以在讲故事时，模仿一些声音元素。比如，用“吱吱呀呀”的开门声，营造一种老房子里安静却有点恐怖的氛围。鼓起腮帮子，“呼呼”地模仿大风吹过的声音，可以让人感到冬天的寒冷。

嗅觉、味觉：气味细节

你也可以在讲故事时，描述一些气味或滋味。比如，让听众去想象面包刚刚出炉时香气四溢的场景，可以让人们不由自主地张大鼻孔，脸上浮现出享受的表情。描述咬一口酸甜的杨梅的感觉，一定会让听众口齿生津。

视觉、触觉细节

同时，详细地描述场景和物品的质感，可以从视觉，触觉上把听众带入故事中，让人产生身临其境的感觉。比如，你想表达地铁里的拥挤时，如果只是说“地铁里好挤啊”，就显得很单薄。如果加入以下感官细节的描述，那就生动了许多。

- 加入听觉描述：我能听到旁边那个人耳机里播放的声音。
- 加入嗅觉描述：我能闻到车厢里混合着花露水的香味和汗味。
- 加入触觉和视觉：我感觉有人踩了我一脚，我想看看是哪个家伙，但是太挤了，我什么都看不到。

综合各种感官细节

我们还可以把这五感的细节全部融合在一个场景里，这样能营造出更生动的画面。比如下面这段描述：

> 书店的南面有一扇落地窗，每当冬日午后，一缕阳光洒在桌前，会让人感觉身上暖洋洋的。此刻，书店里正播放着悠扬的音乐，屋里飘散着咖啡的香气。你拿起一本心爱的书，随着指尖的翻动，时不时呷一口咖啡，享受一段美好的阅读时光。

故事有了细节，不仅能让人有代入感，还可以让人记忆深刻，传播力更强。有这么一个都市传说，你或许听过：

> 有一个男人去一个陌生的城市出差，他下班后去酒吧喝酒被灌醉了。第二天醒来，他发现自己躺在塞满冰块的酒店浴缸里，浴缸旁边放着一部电话，还有一张纸条，上面写着红色的字：请立即拨打110。当接通报警电话后，警察让他摸一摸腰部，是不是有个管子，他一摸，果然有。于是，警察郑重地告诉他：你的肾脏被人摘了。

第一次听到这个故事的时候，你是不是仿佛能感到浴缸里冰块的寒气，似乎还能看到罪犯留下的手写字条。这个充满感官细节的故事让大脑还来不及怀疑这个故事的真假，就先行产生了逼真的体验。而且，如果让你把这个故事重复讲给其他人听，大致内容也不会走样。

不过，我要告诉你，这个故事是虚构的。正是大量的细节让整个故事显得很逼真。

好了，现在让我们回到开头那个外滩的例子，增加一些细节，让它看起来更像一个故事：

> 2013年的12月31日，那天是跨年夜，我一个人独自走在上海外滩的马路上。黄浦江边人山人海，对岸的楼宇上霓虹灯不停地闪烁着，打出“Happy New Year!”的字幕。“铛、铛……”这时，外滩的钟声敲响了，不知不觉已经11点了。一阵略带腥味的冷风吹过，我不由自主地裹紧了皮革大衣。就在这时，我的肩膀突然被人拍了一下，回头一看，居然是……

使用细节的注意事项

这里有必要强调一下，细节描述并不是越多越好，有时候过多的细节反而是画蛇添足，增加了听众的信息负担。多加打磨你的故事，保留适度细节就可以了。

引用：他山之石可攻玉

在讲书中使用引用这个技巧，可以增加听众的信任感、安全感。心理学所说的“光环效应”，是指如果某个人给人留下了非常好的印象，那么人们对他所讲的话就会更加认可。通俗地讲，也就人们会爱屋及乌。

引用的作用

我曾做过这样一件事，在 PPT 上打上一行励志的话，旁边标注这句话是新东方创始人俞敏洪说的，大家纷纷表示这句话说得太好了。但其实这句话并不是俞敏洪说的，知道真相的人又会觉得这句话很普通。

名人通常都是自带光环的，这就是名人效应。为什么广告商会请明星做代言？除了为品牌背书之外，也是因为明星会引发“爱屋及乌”的效应。

引用还能给听众带来安全感。如果你要分享的主题比较新奇，甚至颠覆了大家原本的认知，就可以借助权威来说服听众，让他们更认同你讲的内容。有一次，我在讲书中引用了《了不起的盖茨比》的作者菲茨杰拉德的名言：检验一流智力的标准，就是看你能不能在头脑中同时存在两种相反的想法时，还能维持正常行事的能力。

这种观点与我们平常的认知是不太一样的。如果我只是一味强调“思辨有多么重要，我们需要学会接受不同的意见”，等等，这种论调听众听了，未必能真心接受。讲书人一旦把作者搬出来，有了名人的权威背书，就会大大提升听众的接受程度。

引用的分类

按照引用的内容和来源可以分成：引用名言、引用故事、引用古诗词。

引用名言。名人名言大多数是经过千锤百炼的，寓意深刻，且往往来自书中。讲书时引用名言，有画龙点睛的作用。

央视主持人康辉做过一场《小王子》的书籍分享，主题叫“读书，学会爱”。在分享中，他引用了法国作家圣·埃克苏佩里写的《小王子》里的一句话：只有用心灵才能看得清事物的本质，真正重要的东西是肉眼无法看见的。这句话听起来让人回味无穷。就连这样顶尖的主持人都需要借助名言来增加表达效果，何况我们普通人呢。

引用故事。在之前的篇章里，我鼓励大家多讲自己的故事。但其实，那些与主题相关的书里的故事，也是非常好的素材来源。有一次我想阐述“语言表达的艺术”，就引用了这样一个故事：

> 话说，曾国藩统率大军镇压太平天国运动时，刚开始连吃败仗。他的手下起草战报不得不写上“屡战屡败”这句话。曾国藩一看不满意，但也不能谎报军情，他就把顺序改为“屡败屡战”。这个感觉就变成了虽然连吃败仗，但依然浴血奋战，勇气可嘉。

你看，表达的词语的顺序变了，效果就会产生质的变化。这个故事讲完，台下的听众对我讲的观点的理解就更深刻了。

引用古诗词。在讲书中引经据典，可以展示讲书人的文化底蕴，让讲书显得意味深长，极富感召力。但是一定要避免出现低级错误，否则就容易弄巧成拙了。

引用时的注意事项

引用这个技巧比较简单，而且效果往往是画龙点睛的。但使用时，也有一些需要注意的地方。我总结了四点。

第一，核实出处，不要张冠李戴。如果一句话有很多名家都引用过，那你在引用的时候就要追根溯源，引用最早说这句话的人。一旦搞错了出处，让台下较真的观众发现了，那就贻笑大方了。同时，张冠李戴是引用的大忌，比如某句话明明是庄子说的，你却说是孟子讲的，除了让人感觉你不专业外，你讲的内容的可信度也会大打折扣。

第二，不要断章取义。爱迪生有句名言：成功是靠 99% 的汗水加 1% 的灵感。但其实，很多人不知道这句话后面还有一句：很多时候，这 1% 的灵感比 99% 的汗水更重要。如果只强调前面一句，就属于断章取义了。更严重的是，如果原著者的意图是讽刺，而你在没有领会原著者的本意的情况下拿来使用，就很容易歪曲原意，也很容易被人驳倒。因此，在引用之前一定要仔细分析原文的意思究竟是什么。

第三，尽量引用原文。随着历史的发展和文化的变迁，很多经典的话经过时间的洗礼已经出现了不同的版本。我们在引用的时候要尽量引用原文，不要以讹传讹，避免错上加错。记得标注清楚这句话的来源。

需要提醒的是，我们不能为了增加可信度而随意编造名言，蹭名人效应。现在网络上动不动就会出现“鲁迅说”“孔子说”“高尔基说”等说法，但实际上很多都是子虚乌有的事情。

第四，引用要恰当。这里的“恰当“有三层意思。首先，引用的数量要适度，引用太多会给人随意堆砌的感觉，显得你缺乏自己的独立观点。其次，引用要与你表达的目的有关，如果只是为了引用而引用，就会缺乏说服力。最后，随着时代的发展，过去的名人讲过的话、做过的事未必还符合当代人的价值判断标准。不要以为所有的经典名言都一定是颠扑不破的真理，我们要用批判的眼光来筛选合适的引用。

事实上，讲书的技巧远远不只这些，还有排比、现挂、对比、出人意料的行为等很多技巧。不过这“十八般兵器”能够用好其中几个，就已经非常不错了。

在使用这些技巧的时候，千万不能生搬硬套，胡乱堆砌。事实上，真正的高手反而会无招胜有招。请始终记住：内容为王，真诚才是最好的演讲技巧。

如何用书中的观点有利地说服听众

1 典故：古为今用的价值

典故，一般是指大众都知道的古代故事和有来历的词语。古为今用，让讲书更有趣，更有亲和力更可信。要使用典故，做到短小精悍，表达准确。注意使用场合，翻译成白话文。

2 时事：热点新闻更吸睛

时事，是当下的一些热门话题或事件，可以引发大家的共鸣，有助于提升表达的力量。在引用时注意是否有时效性，是否真的是热点，听众是否真的理解，是不是正能量。

3 案例：事件故事有场景

举例子、摆事实永远是最有效的表达方式之一。在案例的选择方面，建议选择具有代表性和说服力的案例。

4 细节：具体细节出共鸣

在讲故事的过程中给出细节，能够让听众在头脑里产生画面感，快速沉浸到故事里。具体的方法就是打开“五感”，触发共情。

5 引用：他山之石可攻玉

作为讲书人，平时要多积累，适当引用名言、故事、古诗词等内容，可以给讲书添贵增色。引用要注意核实出处，不断章取义，尽量引用原文等。

——视觉笔记：一伊

05

如何写好一篇讲书稿

一千个观众心目中有一千个哈姆雷特，不同的人读同一本书，也会写出完全不同的讲书作品。一篇讲书稿没有标准答案，你只需要按照这四步系统化的写作流程走下来，就能打造出一篇不错的讲书稿了。

讲书稿和其他书稿的区别

通常，讲书人在正式呈现一个讲书作品之前，会先写讲书稿。那么讲书稿和其他书稿又有什么区别呢？对此，我总结了几点，如表 5–1 所示。

表 5–1　讲书稿与其他书稿的比较

分类	内容
读后感	读了一本书、一篇文章、一段话之后，把个人的主观感受和收获写成文章
读书笔记	摘抄书中的内容，把自己的读书心得记录下来，或者把书中的精彩部分整理出来，做成笔记
书评	评论并介绍书籍的内容，以书为对象，客观地对比书籍的内容，并进行评论和分析的文章
讲书稿	在对一本书深度阅读和理解的基础上，重新解构书中的内容。它既包含对书籍的拆解和转述，也包含个人的体会和感悟。与其他书稿的最大区别在于，讲书稿最终是要通过口语形式进行发布和传播的

了解听众：做好讲书的首要功课

准备动手写讲书稿前，首先要做的功课就是了解你的听众，这也是常常会被忽略的。

你必须知道听众是谁，以及他们的需求是什么，只有这样才能完成一篇优秀的讲书稿。有时候，不是你的表达水平不好，而是根本搞错了接收信息的对象。

某家公司的一位刘姓总监在公众场合做了一次演讲，讲完不久后，他就被炒鱿鱼了。原因并不是他的表达力不佳，而是他在一次行业精英大会上，使用了一份在校园招聘时用的 PPT。由于 PPT 的档次太低，现场听众喝倒彩声不断。后来，他的演讲视频被传到互联网上，再次引起网友们的吐槽。最后，这位总监丢了工作。究其原因，还是这位总监没有了解、也没有重视他的听众。

任何形式的公众表达都是有目的的。参加竞聘演讲是为了拿到一个工作邀约；做一次项目动员会的发言是为了更好地激励团队，完成项目；讲一本书是为了传递这本书里面的精华，让大家接受书里的观点。

没有目的的表达都是“打酱油”，是在浪费听众的时间。所以，为了确保讲书达到目的，你首先得了解你的听众是谁，然后“看碟下菜”。具体一共有三步。

第一步，收集听众信息

在听众信息方面，以下几个要素是起码要收集和了解的：年龄、性别、人数、学历、职业、兴趣、痛点和期望。

那么，具体怎么做，才能了解到听众的信息呢？你可以提前让主办方设置调查问卷，或者挑一些典型的听众做个访谈，听听他们对你的讲书的期待是什么。举个例子：

有一次，我被邀请给一家重点中学的同学做职业生涯规划的分享。在此之前，我分享的对象都是已经有工作经验的职场人士，对于中学生这个群体是比较陌生的。

分享之前，我找到了一个朋友，她的女儿恰好是这所中学的初三学生。于是，我和这个小朋友进行了大约30分钟的通话。

到了分享当天下午4点，上课铃响后，我看到一些同学陆续走进了教室。大概因为这是一门选修课，占用了他们原本的休息时间，同学们一脸很不情愿的表情，用一种不怀善意的眼神看着我。

这种情况出乎我的意料，但我还是定了定神，开口第一句话就是："同学们，大家好，今天，我想和你们聊聊关于《王者荣耀》的话题。"

这句话一出，教室里顿时炸开了锅。我看到几乎所有学生的眼睛一瞬间都发着光，喜笑颜开，脸上似乎写着几个字："这个老师接地气。"于是，我们就从《王者荣耀》这款游戏开始讲起，延伸出各种关于职业规划方面的话题。

然而真相是，我从来不玩手机游戏，在此之前也根本不知道什么是《王者荣耀》，只是因为我事先和朋友的女儿聊过天，知道当时这是一款当下最流行的游戏，连女生们都在玩。

正是由于这样一个"破冰"开场，一下子拉近了我和这帮同学之间的距离，接下来的分享自然就顺畅多了。

课上，我没有去讲与那些遥不可及的未来职场相关的话题，因为等他们毕业进入社会，还有至少七八年的时间，到时会发生什么事情，谁都不知道。我从这个年龄段孩子的兴趣、爱好等话题入手，给了他们一些有用的启发。

结果，那天分享结束后，同学们和老师都反馈很成功。可见，提前收集听众信息，见什么人讲什么话很重要。

第二步，分析听众需求

收集到了听众的信息之后，就能整理出一个比较清晰的听众画像，然后继续从年龄、性别、人数、学历、职业、兴趣、痛点和期望这几个维度下手，分析他们的需求。

如果你的听众群体年纪比较小，那你去讲国学或养生，可能就无法引起大家的兴趣了。相比男性，很多女性更爱学习、爱听书。所以，当女性听众占比较大时，讲书人不妨讲一些女生爱听的情感类话题。

在听众人数比较多的场合，你需要照顾到大多数人的需求。在人数比较少的情况下，你可以有更多的现场互动，来调动气氛。

听众的学历在一定程度上决定了接收信息的水平。如果你讲的是专业类书籍，就必须事先考虑听众是否能够听得懂。

如果你的听众所从事的行业或职业相同，那么你可以选择一些与他们所从事行业、职业相关的书，用他们容易接受的话去表达，会更受欢迎。

如果听众们来自五湖四海，有着不同的背景，那就要找到他们最感兴趣的共同话题，或者是一些普遍的痛点，才更能打动他们。比如说“拖延症”这个话题，说起来几乎人人“中枪”，聊聊这方面的话题，听众就更容易产生共鸣。

总之，讲书人要学会从听众的利益出发，提前了解他们对什么感兴趣，他们会关注什么内容，他们目前面临什么样的问题，如何才能让他们满意。只有在事前充分地了解听众，讲书才能做到有的放矢，一击即中。

第三步，制定听众策略

就低策略

预先做好了听众信息的收集和分析，接下来，就要制定对应的听众策略。如果面对的听众是男女老少，来自不同背景的人群，该怎么处理呢？这里有一个万能的听众策略可以拿去用：就低策略。

小说《围城》里有位教授讲课时怕学生听不懂，讲到比较难懂的地方，就会看一眼班里最差的学生。如果他感觉那个学生听懂了，那么说明自己讲清楚了。这个方法同样适用于讲书，把接受力最低的人群作为基准线，如果他们能听懂，那讲的内容就能让绝大多数人听懂了。这就是“就低策略”。

数学里有个最大公约数的概念，我们也可以找到听众里的“最大公约人群”，讲一些大多数人都关心和熟悉的话题，讲述的语言也尽量简单易懂点，这样任何人都会爱听。比如，来参加线下读书会的“最大公约人群”就是爱读书的朋友。那么，你聊聊和阅读相关的话题，一定会引起很多共鸣。

记住，面对听众，我们要做的不是“我们不一样！”；恰恰相反，是“我们都一样”。你要让大家觉得“我们是一伙的”，这样更能让听众产生共鸣，也更容易让听众接受你的观点。

在这点上，罗振宇老师就做得非常好。他在每年的跨年演讲上，都会先定义听他演讲的听众是谁。在 2018 年的跨年演讲里，罗老师把他的听众定义为“做事的人”。在 2019 年的跨年演讲里，他提出了“我辈”这个概念，再一次拉拢了听众。虽然这些概念听上去都有点虚，不过有了这样的设定，就能把所有听众拉到一个大框架底下，让听众先产生一种认同感、归属感。那接下来，就更方便台上的人来“售卖”观点了。

“最大公约人群”不一定是找出来的，也可以是自己去构建或定义出来的，就比如做事的人、我辈。

向上升维

具体怎么“构建”出“最大公约人群”呢？这里可以用到“向上升维”的办法，不停地往更高层面去升级摸索，在更高的范畴里，找到“共同体”。

小时候，我在大学校园里长大，就被叫作“大院里的人”；后来，我去了郊区一所高中上学，被同学叫作“城里人”（我就跟所有城市里的同学成了一伙儿）；当我寒暑假去上海的爷爷奶奶家时，又被叫作“外地人”（我被纳入非上海人这个群体）；再后来，出国留学，我又被当地人叫作“中国人”（这个群体的概念就更大了）。

虽然我还是那个我，但我的称呼却随着地域范围的延展不断地升级，我的群体所属身份也不断地被扩大。与此同时，我内心对所处群体的认同感、归属感也会不同。用这种方法，只要不断向上升级听众们的身份边界，就一定可以找到“最大公约人群”。

听众思维

当我们了解了听众是谁，更重要的是，还要有听众思维。讲书是讲给听众听的，讲书人要站在听众的角度去思考问题，抱着敬畏的心态为听众服务，而不是盲目自嗨。这件事再怎么强调也不为过。

人本质上是以自我为中心的，听众只想听自己想听的内容。如果你讲的内容不是他们想听的，他们就会自动屏蔽。听众不会在乎你讲了什么，他们只在乎你讲的内容和他们有什么关系。

是的，在公众表达上，无论你是特别厉害的企业家，还是星光熠熠的明星，无论你自以为讲得多么精彩，原则上听众都只会关心和他们自身相关的内容。

作为讲书人，在开始准备写讲书稿前，一定要多问自己几遍这些问题："我的听众是谁？这些听众为什么要花这么多时间来听我讲书？他们在听完我的讲书后，能有什么收获？"你只有清楚地回答了这些问题，才能更好地从听众的角度，分析他们的需求，制定相应的策略，服务好你的听众。

确定主题：好观点是讲书的灵魂

很多讲书新手写讲书稿，一上来就洋洋洒洒写了一大堆。写着写着，他们才发现自己也没搞明白想要表达的是什么，结果只好返工。正可谓"磨刀不误砍柴工"，动笔前，一定要先确定好主题。

当确定了讲书的核心观点，后面的内容就能围绕这个观点逐一展开。这一点非常重要，也经常被忽略。我们上小学的时候，语文老师常常让我们提炼一篇文章的中心思想，也就是核心观点。不同的人讲同一本书，会有不同的观点。因为每个人的理解能力、个人积累和看问题的角度不同，所以不同的讲书人会着重讲不同的观点，这也正是讲书这件事的美妙之处。

我曾经举办过一期读书会，有四位讲书人依次上场，讲的都是《红楼梦》。有意思的是，他们每个人切入的角度都不一样，表达的观点也不同。这样相互交织碰撞的讲书，听众们听得很过瘾，讨论得也很热烈，现场氛围特别好。

同一个人在不同的时间讲同一本书，观点也可能不同。有些好书会跟随人一辈子。随着自己的不断成长，经历的事情越来越多，对社会、生活和人生的感悟，自然会不同。在不同的人生阶段，对同一本书的理解，也会不同。你 15 岁时读《红楼梦》和你 50 岁时读《红楼梦》，感悟肯定不一样，提炼的观点也会不一样。这不正是我们读书、讲书的乐趣所在吗?

一本书里有很多内容，也有很多观点。由于讲书的时间通常不会太长，不能覆盖所有内容，而且我们也知道观点因人而异。所以，讲书人一定要选择出自己觉得最值得讲的观点。

好观点的原则

好观点就是讲书的灵魂。当你想到了一个希望通过讲书分享的观点后，怎样去判断这是不是一个好的、值得讲的观点呢？我们可以通过三条原则去判断：简单、具体、有新意。

第一条原则：简单

这里有两层含义。

一是，一次讲书只围绕一个主题去讲。如果表达的观点太多了，听众根本记不住，还不如聚焦在一个点，把它讲深讲透。

二是，表达的观点要足够简单。真正好的观点并不会故作高深。大道至简，它们往往听上去很简单，但细细品味又另有一番深意。太过复杂的观点，那些听起来让人觉得高深莫测、细想却经不起推敲的观点，都不算好观点。

第二条原则：具体

这就要求观点不抽象、不笼统、不空泛。如果你想告诉听众“如何让自己的人生变得更好”，这样的主题就太大了，听上去就像飘在空中，无法落地，不免给人“灌鸡汤”的感觉。

同时，你要表达的观点应该以一个陈述句的形式出现，要具体地告诉听众你的结论是什么。这样，别人一听就能明白它的具体意思，就知道该怎么去做。

例如，如果我们要提炼《终身成长》这本书的观点，你可能最先想到的是“如何把固定型思维转变成成长型思维”，但这并不是一个好的观点。这是一个疑问句，没有具体内容。你要更进一步，具体描述出“把固定型思维转变成成长型思维的方法或步骤是什么”。

你可以说，把固定型思维转变为成长型思维的三步是：接纳、觉察、行动。这样就是一个具体的观点了。

第三条原则：新意

你应该给听众分享一些“新知”或被颠覆的“旧知”。既然要把一本书讲给别人听，一定是因为这本书里有普通读者不知道的东西。把有新意的内容分享出来，也是讲书人的责任和价值所在。

你讲的观点要么能打开听众未知的领域，要么能颠覆他们原有的认知。就算是“旧知”，也可以“新瓶装旧酒”，包装打磨一番，给人眼前一亮的感觉。

请记住这三句话，你讲书的内容：

- 听众知道的，你也知道的，要少讲；
- 听众不知道的，你知道的，要多讲；
- 听众不知道的，你也不知道的，就不讲。

道理很简单，你讲的内容是众所周知的，可以拿来做一个铺垫，引出你真正想要表达的，所以不需要讲太多。听众更关心的是他们所不知道的知识，就要多讲一些。至于听众不知道，你也搞不清楚的知识，就不要不懂装懂了，千万不要去讲，以免误导他人。

不过，天下没有什么新鲜事，要讲出新颖的观点确实不容易。比如，你要表达努力工作的重要性，当然没有错，但这不过是老生常谈了。不妨换一个角度讲“选择比努力更重要”，这个观点显得更好。例如，《有钱人和你想的不一样》告诉我们“有钱人乐于宣传自己和自己的价值观，穷人则把推销和宣传看成不好的事”；《大脑健身房》告诉我们“要获得最强大脑，靠的不是刷题、玩益智游戏，而是科学地锻炼身体”；《事实》这本书告诉我们“眼见未必为实”；《低风险创业》这本书告诉我们“创业不必九死一生，完全可以在极低的风险下获得成功”……

这些观点，无论听众是否认可，都能吸引听众的注意，引发他们的好奇心，促使他们去了解这本书讲的是什么。我们知道一个好观点要符合简单、具体、有新意这三个原则。那么，一本书这么厚，到底要讲哪一个观点呢?

观点掘金三连问

这里有一个工具，叫“观点掘金三连问”，它可以帮你进行挖掘、梳理和选择。

问题 1：你看了那么多书，为何偏偏要推荐这本？它有何特别之处?

你不是为了分享而分享，而是切实回归到了自身的感受，讲出你分享这本书的意义。你有必要把书中的核心精华与特别之处向听众说明。例如，我曾经分享过《断舍离》这本书，为什么我要分享这本书呢？因为，现代社会物质条件已经非常丰裕了，但这反而让人产生了更多的苦恼。这本书提出的“断舍离”的理念刚好可以解决这样的实际问题。它有一套独特的实践体系，能帮助现代都市中的人们生活得更好，所以这本书很值得推荐。

问题 2：作者写这本书，是要表达什么样思想或观点呢？真的是这样吗？从不同的角度去看，书中有没有更深层的意思呢?

这个问题可以促使你不断地深挖出图书的精髓，更全面、更深入地了解作者的意图。通过反复阅读、反复推敲，从不同的视角和深度去探索，你往往能获得更丰富、更深层的收获。

我在读《断舍离》时，刚开始觉得这本书就是讲物品层面的整理术的。当我多读了几遍之后，领悟加深了，其实书里面还讲到了一种全新的思考模式，即心灵层面的整理术。再进一步挖掘，我又发现那更是一种生活艺术，是哲学层面的“断舍离”。

另外，结合我自己曾在制造行业工作过的经历，我还会把制造业里的精益生产、5S 等理念和“断舍离”联系起来，从而打开一个全新的视角。

问题 3：这本书的哪个观点（甚至是哪句话）给你带来了最大的启发或收益？它是什么？

这个问题又回到了人，回到了读者和听众的角度。这时，你要反求诸己，问自己这本书究竟给你带来了什么样的影响？小到一个观念的更新，大到整个人生轨迹的改变。让你印象最深刻的、触及你内心的一个观点（理念）是什么？

在读完《断舍离》这本书后，给我启发最大的观点是：断舍离就是通过整理物品了解自己，整理内心的混沌，让人生变得舒适的行动技术。我们可以利用收拾家里的杂物来整理内心的废物，让内心更舒畅，让人生更顺畅。

读完这本书，我也开始有意识地实践“断舍离”。我先从物品开始，丢弃一些不必要的东西，后面还延伸到人际关系，比如说，关闭微信朋友圈一段时间。这样做，一定程度上得到了物理空间上的释放，也清空了心理上的“空间”，给自己的心灵做了减法，让自己变得更轻松，也获得了更好的人生体验。这些实践也可以成为我讲书的素材。

我们都可以通过“观点掘金三连问”，不断地自问自答，反复叩问内心，把讲书的观点挖掘出来。然后，再对照一下，看它符不符合“简单、具体、有新意”这样的原则，再进一步打磨这个观点。

结构编排：搭建讲书稿的金字塔结构

讲书稿为什么要有结构?

第一个理由是为了让讲书人更好地记忆稿件。很多讲书人最担心的问题就是上台后会忘词。忘词的一个原因就是，所讲的内容逻辑不清晰，缺乏结构，没有条理。一旦你的讲书稿有了清晰的结构，你只需要记住关键词，就不容易忘记了。

第二个理由是为了让听众能够跟得上讲书人的表达。我们需要理解普通文章和讲书稿的最大区别是什么。二者的区别就在于：前者是给人看的，后者是给人听的。要知道，讲书稿最终是要通过口语表达出来的，而口语的呈现是线性的。

我们在讲话时，一句话刚讲完，就消失在空气中了。人通过视觉接收信息，也就是看文章的时候，是可以暂停、回看、快进的，这些操作能帮助你的大脑减少认知负担。而人在通过听觉接收信息时，只能是线性地、被动地接收信息，任何一点信息传递的不畅都会成为接收方的阻碍。

例如，你和别人交换手机号码，你会采用什么方式描述?

- 134-0xx-xxxxx
- 1340-xxx-xxxx
- 134-0xxx-xxxx

请问哪种方法最好呢？其实都可以。我们都不会一口气把 11 位数字全部说出来，而是要分成几段讲给对方听。为什么？因为 11 个没有规律的数字太难记了，分段描述就容易多了。

接下来，我们来看看一篇讲书稿的具体布局。

金字塔结构

一篇讲书稿的布局一般分成三个部分：开头、中间、结尾。这个结构看起来就像金字塔，我们也把它叫作金字塔结构。金字塔的顶端是我们要讲的主题观点；下面第二层是分论点或分模块，你可以用三个“分论点”或“分模块”去支撑；再下面是证明论点的论据；底层是结尾（参见图 5–1）。

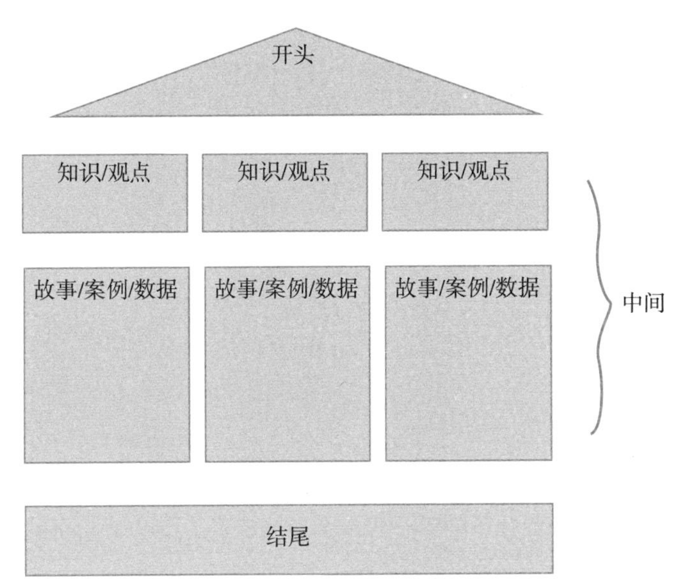

图 5–1 讲书稿的结构

这个结构是不是有点眼熟？其实这就是“ABA 结构”，也叫作“总分总”，我们上小学学习写作文时就学过。

一般而言，第二层分论点或分模块有三个。为什么是三个而不是八个，也不是一个呢？理由是，我们的大脑容量有限，一下子接收不了太多的信息。但如果太少了，似乎说服力又不够。三是个很神奇的数字，比如这些俗语都有三：三碗不过冈；三个臭皮匠顶个诸葛亮；三个和尚没水吃，等等。因此，三个不多不少，也是大家容易接受的分论点、分模块的数量。

第三层是论据。让听众接受讲书人的观点，就像做一道证明题。既然是证明题，就要有论据，如果把这些论据一个个分散地、杂乱地放在一起，就会显得特别混乱。比如，我情人节的时候送给我妻子一串珍珠项链，她一定会很开心。但是，如果我是捧着两把零散的珍珠给她，她就会很难接受，甚至还会认为我是不是有什么问题。

论据就像一颗颗珍珠，结构就是串起这些珍珠的线。一串串珠子能让所有的论据都变得更有秩序，更有力量。例如，如果我说购买 XX 牌打印机是最好的选择，并且一下子就给出了七八个理由：速度最快，最耐用，服务优质，返修率低，声誉名列第一，硒鼓寿命最长，打印效果最好，等等。你能记住吗？你肯定记不全，而且会觉得很乱。我们可以重新梳理下这些理由。

首先，抛出观点：购买 XX 牌打印机是最好的选择。接下来说明原因（即分论点）：（1）它的返修率最低；（2）它的色彩最具有活力；（3）它的硒鼓寿命最长。怎么能证明这些呢？你要进一步给出论据：（1）返修率最低，行业返修率平均为千分之二，而本品牌为千分之一；（2）像素最高，色彩好，客户口碑不错，还可以做个展示样品对比；（3）硒鼓寿命最长，行业平均使用寿命为45天，本品牌为60天，还比同类产品多50%的墨。

这样的陈述是不是很清晰，也更具说服力？要提醒一下的是，表达的时候要一个模块讲完再讲下一个模块，不要跳跃，不然就会很乱。

如何写出引人入胜的精彩开头

上学时，语文老师告诉我们，一篇好的作文要有“凤头、猪肚、豹尾”的结构。好的讲书稿也是这样的：开头要像“凤头”一样漂亮，用最短的时间抓住听众的注意力；中间部分要饱满，有趣、有料、有爱，逻辑结构要清晰，这样听众才能跟着你的思路走，就像“猪肚”；结尾可以有力一点，升华一下，让听众觉得意犹未尽，就是“豹尾”。

现代人的注意力极为稀缺。在计算机时代，如果一个网页7秒仍没有打开，用户就会关闭它。到了手机时代，如果一个链接不能在1.5秒内打开，用户很可能就会划走。一次讲书，开头所占的分量不大，但极为重要。一个好的开头（也就是“凤头”）要能在开场的黄金30秒内迅速抓住听众注意力，所以切忌讲一堆空话、套话。比如，下面是一个反面案例：

> 大家好，感谢主办方，感谢主持人，感谢各位书友，非常高兴能够有这样宝贵的机会分享我最近看的一本好书。这本书是我去年买的，买了以后一直没有看，后来有一次无意中又翻到了这本书。看完以后，我的收获非常大，也很有感触，所以借这个机会和大家聊聊我的一点心得和看法。如果讲得不好，请大家多多包涵，也欢迎看过这本书的书友多多和我交流，给予指导……

这样的开头无疑会耗尽听众的注意力，无论是真谦虚，还是假谦虚，类似这样毫无意义的话就不要讲了。

好开头的核心

好的开头是成功的一半，在大众缺乏耐心的时代，讲书人要在一开始就用最短的时间抓住听众的注意力，长则 30 秒，短则只有 8 秒。所以，讲书作品的开头非常重要，核心要点就是吸引听众，引发好奇。

打造引人入胜开头的核心原则就是一句话：听众为什么要听你讲这本书？这句话有三个关键词，也是三个角度：听众、你、这本书。

听众。以听众为中心，听众听完能获得什么收益？这个部分我们在前面已经详细讲解过了。

你。同样的话，不同的人说出来效果可能完全不同。你需要告诉听众，凭什么是你来讲。你读过这本书超过 10 遍，上过作者的课？还是这本书曾经改变了你自己的命运？专业的人讲专业的书是一个不错的策略。就算你不是权威人士，也要想办法在听众心里建立起信任感。

这本书。为什么是这本书？这本书的历史价值或社会地位是怎么样的？它有什么特别之处？是因为作者特别牛，还是发行量特别大，或是曾经获得过什么荣誉，抑或是有其他牛人推荐过这本书？

写出好开头的四个方法

开头具体怎么写，才能和听众建立起良好的关系，让讲书的效果更好呢？我们可以采用以下四个方法。

讲故事

人们天生对故事没有抵抗力，所以你开头可以讲一个自己的故事或是书里的故事作为铺垫，引出你的讲书内容。注意故事的内容和意义要与主题相关，不要为了讲而讲。讲故事的时候，也要有明确的时间、地点、人物、事件等要素，尽量打造一个具有画面感的场景，把场景植入听众的大脑。例如，下面这段摘自马玉炜讲书作品《海子诗全集》中的开场白：

> 在我高三那年，我干过一件傻事。有一天晚上，我翘掉了晚自习，来到了操场，点燃了三根蜡烛，以纪念一位诗人。我清楚地记得那天是 3 月 26 日，许多年前的同一天，诗人海子在山海关外卧轨自杀。

提出问题

你可以从听众的痛点、盲点、误区出发提一个问题，让听众听完有一种被说中了的感觉。如此，他们才更愿意听你讲下去。例如：

> 你有没有过这样的经历？明明想要减肥，却还是控制不住地吃、吃、吃；明明不想答应别人的要求，却总是无法拒绝；想换工作，却总是担心自己适应不了新环境。遇到这样的情况，到底应该怎么办呢？接下来，这本《了不起的我》就可以帮你搞定这些问题。

提问题也可以引发听众的好奇心。例如，你知道有什么方法可以让一个有 20 年烟龄的“老烟枪”戒烟吗？答案就在《这书能让你戒烟》这本书中。注意，所有的问题都应该是设问句，要自问自答。

给出结论

开门见山地告诉听众这本书好在什么地方，为什么要讲这本书，这次讲书的主题和结论是什么。这样既简单明了，又紧扣主题。这种方法比较直接，也比较容易。例如：

> 《断舍离》这本书告诉我们，从加法生活转向减法生活很重要，并不是心灵改变了行动，而是行动带来了心灵的变化。

列明数据

以作者的介绍或书籍的销量作为权威背书，让你的听众感受到这是一本值得一读的书，错过会可惜。这是一种屡试不爽的开头方式，几乎可以用在所有讲书的开头。例如：

> 《小王子》写于 1942 年，是一本书非常了不起的书。它被翻译成了 250 多种语言，全球累计发行量超过 5 亿册，阅读量仅次于《圣经》。

你也可以列一组数据，这些数据和你的讲书主题有关，便于引出后面的正文。例如：

> 据统计，现代成年人中，每四个人中就有一个人是高血压，每五个人中就有一个人是体重超标的，每十个人中就有一个人是糖尿病患者。如果你不注意自己的健康，很可能就会成为其中的一员。今天我讲的《健康管理密码》这本书就是教你如何管理好自己的健康的。

当然，讲书作品的开头远不止这几种方式，你还可以调侃一下某人某事、朗读一首诗、引用名言、刷新认知，等等。你也可以把上面介绍的几种开头方式结合起来使用，效果更佳。

这些讲书的开头方式没有绝对的好坏之分，同一本书也可以采用不同的方式开头，你可以根据书籍的类型来设计。致用类书籍可以采用“提出问题”或“列明数据”的方式；文学类书籍可以采用“讲故事”的方式；人文社科类书籍则可以采用“给出结论”的方式。

总而言之，讲书开头前 30 秒往往就决定了听众会不会继续听下去，所以开头一定要能吸引听众的注意力。讲书稿的开头也不宜过长，还要快速把听众带入。

不建议使用的几种开场方式

不要用笑话开场

有人认为开头要先讲个笑话，暖个场，拉近讲书人与听众之间的距离。然而，这样做的结果往往适得其反。中国人通常比较内敛，尤其在人多的场合，如果你讲了笑话，听众没有反应，那场面就会更尴尬。你所看到的笑星们用笑话开场，那是因为他们已经提前测试过无数遍了，知道自己讲的笑话一定会好笑，或者这些观众本来就是带着听笑话的心态来的。对于普通人而言，用笑话开场这招未必好用，所以不如不用。

不要用“感谢 XXX”开场

有的人一开始会先感谢 XXX，可能是主办方，也可能是其他相关的人。但开始并不是一个好的表示感谢的时机。如果要感谢谁，不要放在开头，可以放在结尾。

不要用“在我开始正式讲书之前……”开场

一旦你站上了舞台，或是打开了话筒，你的讲书就已经开始了，不存在“开始之前”这一说。你要有自信，一旦打开了麦克风，你就是舞台的“主宰”。

不要用观众参与式开场

跟“用笑话开场”一样，如果没有十足的把握达到暖场的效果，让观众参与这种做法反而会弄巧成拙。尤其是当你问一些敏感话题时，观众往往是不会回应你的，那场面就更冷了。

中间内容的逻辑结构如何搭建

之前我们聊到了结构编排要用金字塔结构，那么中间部分的逻辑结构具体应该怎么搭建呢？这里教给大家三种常用的讲书逻辑：时间逻辑、黄金圈逻辑，独立模块逻辑。

时间逻辑

按照事情发展的时间顺序来说明。最好用也是最简单的方法就是选取三个时间点，比如“过去、现在、未来”“十年前，两年前，今年”等。这样，你讲书的思路就会特别清晰。

2016年，中央电视台推出了一档《陪你读书》的栏目，著名主持人康辉分享了一本书《小王子》。这个讲书作品的结构就采用了时间逻辑，一共有三个部分，讲述了康辉在三个不同时间点读《小王子》的感受。第一个时间点是他八岁时，第一次与《小王子》相遇。那个时候，他是看不懂这本书的。第二个时间点是2005年，在康辉三十几岁的时候，那一年他父亲去世了。当他再次读到这本书时，才明白了什么是真正的爱。第三个时间点是在参加节目录制前，他终于明白《小王子》里的那颗星球在哪里了。讲解文学类书籍比较适合用时间逻辑。

黄金圈逻辑

黄金圈逻辑来源于“黄金圈法则”，是由西蒙·O. 斯涅克（Simon O. Sinek）在TED演讲中提出的。这是一种思维模式，它把思考和认识问题画成了三个同心圆：最内层的是“为什么”，中间层的是“是什么”，最外面的一圈是“怎么做”。你在讲书之前也可以问自己三个问题，自问自答，经过梳理，你的思路也会清晰地浮现出来。

黄金圈逻辑比较适合用来讲解致用类书籍。

我们再用《断舍离》一书为例来说明。这本书的核心就是“断、舍、离”这三个字，那你的讲书稿就可以围绕“断舍离”去拆解了。

第一步：为什么人们要“断舍离”？可以结合写作背景去谈。

第二步：什么叫“断舍离”？这是一个新概念，你要去解释一下“断、舍、离”这三个字分别是什么意思，有什么意义。

第三步：说说我们要怎么做到“断”？怎么做到“舍”？怎么做到“离”？当然，这个部分（怎么做）是全篇的重点，要详细阐述。

这种黄金圈逻辑可以减少听众的思考时间，因为你已经提前帮对方用“为什么、是什么、怎么办”的思路思考好了。听众很容易就能沿着你的思路听下来了。听完后，他们也会有所收获。

不过，这里还有三个问题。三个模块的顺序是否可以调换？答案是：可以。用“为什么”开头是为了引发听众的兴趣。你也可以把“是什么”放在开头。一般而言，“怎么做”放在后面讲解。

是不是为什么、是什么、怎么做这三个要素都要在一篇讲书稿里讲完？答案是：不一定。这取决于你要表达的重点和时间限制。例如，《DISCOVER 自我探索》这本书讲解了 DISC 行为风格理论，内容设计本身就分成了为什么、是什么、怎么做三个模块。如果听众对 DISC 行为风格理论不了解，你讲书的时间又有限，那么你完全可以只讲为什么要学习 DISC 行为风格理论，和什么是 DISC 行为风格理论，把这两部分讲透就好了。至于如何应用，可以留下伏笔，让听众自己买书来看。

为什么、是什么、怎么做，这部分篇幅比例应该怎么分配？答案是：根据情况来定。如果你讲的内容聚焦在一个新概念上，那你应该花大力气来解释“是什么”。例如，有本书叫《灰犀牛》，名字就很令人费解。如果你讲这本书，就要解释“灰犀牛”这个概念是什么意思，对听众会有什么影响。

如果你讲的内容重点在于如何解决问题，那么可以重点讲“怎么做”。比如，《如何阅读一本书》这本书，看书名我们就知道这本书的着重点在于教读者如何读书。

独立模块逻辑

还有一类书，书中每个章节之间的关联性不是太大，每个模块相对独立，比如《高效能人士的七个习惯》《明智行动的艺术：你最好让别人去犯的 52 种行为错误》《好好说话 2》等。这时，你需要找出书中的三个观点作为三个模块，分别进行阐述。

这样的结构比较简单。你可以在三个独立模块里分别阐述三个观点，讲三个故事或案例，再给出三个对应的感悟，这样就可以了。

如何用故事思维去呈现内容

讲过了搭建理性逻辑的结构，我们再来讲讲如何用故事去感性呈现。

为什么故事变得越来越重要了呢？因为从人类大脑的运作机制来讲，我们更易于并乐于接受感性的或容易理解的信息。故事恰恰符合这样的特点。不管是表达一个观点，还是展示一种理念，故事所能给大家的直观感受要强烈得多。人们更容易接受一个故事，而非一个道理。

讲书也要使用故事思维，这样能更好地把书中的信息传递给听众。我曾讲过《特蕾莎修女传》这本书，如果要介绍特蕾莎修女这个人，可以参照百度百科的词条，介绍她的生平：

> 特蕾莎修女（Blessed Teresa of Calcutta，1910 年 8 月 27 日—1997 年 9 月 5 日），又译德兰修女、特里莎修女和泰瑞莎修女，是

> 世界著名的天主教慈善工作者，主要替印度加尔各答的穷人服务。因其一生致力于消除贫困，于 1979 年获得诺贝尔和平奖。2003 年 10 月被教皇约翰·保罗二世列入了天主教宣福名单，特蕾莎修女的名称也因此变成被祝福的特蕾莎修女（Blessed Teresa）。

这样的介绍中规中矩，没有特色，也无法打动人心。如果换成讲故事，效果就不一样了。比如：

> 1948 年印度加尔各答有一位贫民，他是一位没有家人、没有住址、没有姓名的老人，受到了特蕾莎修女的收容和照顾。他在离开人世前，握着特蕾莎修女的手说出了最后一句话："我一生活得像条狗，可你让我死得像个人。"特蕾莎修女用自己的一生践行了自己说过的话："给予爱和尊严，比给予食物和衣服更加重要。"

第二种表达是不是更能给你留下深刻的印象，也会让你对特蕾莎修女产生更深刻的认知呢？故事是一种天然的情绪产生装置，人们更容易记住，更容易代入其中，也更容易产生共鸣。

人们天生对故事感兴趣。故事是人与人之间最短的距离。人人都有故事，却并非人人都会讲故事。当你有一个故事的时候，该如何才能把它讲好呢？这里有四个可以帮你讲好故事的技巧。

有情感的故事比有逻辑的事实更有影响力

人类本质上是感性的动物。科学证明，人们在听故事的时候，体内会分泌皮质醇，帮助大脑集中注意力；同时，体内的催产素也会上升，让人更加富有情感，更有同理心。此时，感性在大脑中已经远远占了上风。

因此，讲书人需要问自己一个问题:“我的故事有人情味吗? ”故事中的人物是活生生的人，听众也是。故事只有触动了人性的核心，才能真实地表达出人类普遍的情感和人性的双重特点。人性本是难测的，但也并不是绝对的。

庄重神圣的修女偶尔也会调皮地开开身边人的玩笑；邪恶的暴君在他的狗生病时也会彻夜难眠；有的人工作上可能是个糟糕的老板，在家里却是个好丈夫、好父亲……这些虽显得矛盾，但会让故事显得更符合人性，因为这就是真实的生活。缺憾也是一种美，如果一个故事触及了真实的善恶混杂的人性，就会更能让人产生共鸣。

讲故事也要唤醒自己的情感，这样更容易感染他人。故事中可以融入希望、爱、同情、勇气、欢乐、鼓舞等正向情感，也可以有生气、悲愤、害怕、伤心、恐惧等负向情感。好故事甚至可以融汇多种情感，让人悲喜交集，笑中带泪。比如，有些比较优秀的小品在搞笑之余，结尾常常来个反转，让人看完居然热泪盈眶，感动不已。

总之，讲书人要用丰富的感情色彩去渲染故事，这样才能摆脱冷淡、无聊的风格，让故事变得更加精彩。

故事是多维的，情节是有冲突的

故事要有情节，情节还要具有戏剧化效果。好的故事可以通过冲突和矛盾，产生强烈的反差和冲击力，以此来牢牢抓住听众。许荣哲先生被称为“台湾最会讲故事的人”，他在著作《小说课》里给出了一个“七步成故事法”——目标、阻碍、努力、结果、意外、转弯、结局。

很多成功的电影其实就是讲好了一个故事。我们可以用这七步法来分析一下。例如，根据真实事件改编的电影《摔跤吧，爸爸》。

- 目标：男主角自己想成为世界冠军。
- 阻碍：他把希望寄托在孩子身上，但是妻子生的都是女孩。
- 努力：一次偶然的机会，他发现了两个女儿的天赋。
- 结果：全村人无不打击、质疑他，包括他老婆，甚至包括两个孩子。
- 意外：报名参加摔跤比赛被拒绝后，正准备放弃，机会来了。
- 转弯：摔跤获得成功，一路走到全国冠军。
- 结局：中间又碰到了许多挫折，但最终获得了世界冠军。

世界上有很多故事，无论以电影还是文学著作的形式呈现，本质上都是使用同一个故事原型，同一个讲故事的套路。像《西游记》《福尔摩斯探案集》《哈利·波特》等，都是这样的。

当然，有的故事会更加复杂，每一步里面还会内嵌或叠加一整套的步骤。一些流行的美剧往往一波刚平，一波又起，高潮不断迭起，情节层层推进。

当然，并不是所有的故事都一定要走完这七步，但起码也要有最基本的“起、承、转、合”，这样可以让故事变得更加一波三折，出人意料。简言之，我们可以把故事发展的过程用四个形容词来描述，分别是：风和日丽、晴天霹雳、洪荒之力、晴空万里。这个流程恰好是从水平线到低谷，再到触底反弹，最后恢复平稳，持续向上。如果用一个符号来描述，很像一个“对钩”（√）。我们也可以把它称为“对钩模型”。在这个模型里，核心是晴天霹雳和洪荒之力两个阶段，因为这两步是有冲突、有反差、充满戏剧化的。

我们可以拿出《西游记》中的任何一段小故事来看，都是符合对钩模型的。“风和日丽”就是师徒四人在西天取经的路上行走；突然来了一个“晴天霹雳”：唐僧被妖怪抓走了；于是孙悟空使尽“洪荒之力”营救师父；最后师父被救，“晴空万里”，故事以大团圆结局。

近些年，火遍世界的好莱坞超级英雄影片，其情节发展规律大抵如此。就算进电影院前，你知道一定是这个套路，你也依然会乐此不疲地去观看。如果故事没有戏剧化的情节，就没有意思了。正因为前后有了强烈的冲突和反差，故事才有看头。

意义：故事赋予智慧

讲书人不只为了讲故事而讲故事。没有意义的故事是没有价值的。故事需要呈现出其中的智慧，传递出价值观和理念。

我们都熟悉的“狼来了”的故事，其背后的意义就是教育大家“要诚实，不要说谎”。“三个和尚挑水”的故事就是告诉大家“人多不一定能办好事”。

讲故事前，你要想清楚，你要向听众传达的意义是什么。要注意，一个故事只能传递一个信息，不要贪多，不要一下子给出太多的观点。

那么，你该如何去表达故事的意义呢？很简单，我们可以借鉴小时候听到的寓言故事的方法。在故事的最后，你可以用一句画龙点睛的话将故事中的智慧呈现出来。比如，加一句“这个故事告诉我们……”

不过，如果故事本身已经非常明显地表达了你要讲的，也可以不用告诉听众那是什么。有时候，让听众自己去感受、去领悟、去思考故事背后隐藏的意义会更好。

人物：让故事变得生动

故事里面一般都会涉及人物。我不建议在讲书时，讲述太多古人、名人或是“超人”的故事。像诸葛亮、乔布斯等，这些人离普通人太远了，作为普通人，听众是很难感同身受的。听众就算听了他们的故事，心里也可能会犯嘀咕：“他确实很厉害，但这个和我有什么关系？”

那我们要讲什么？最好讲普通人，比如身边的人，小王、小李，还有你自己的故事。这样比较容易引起听众的共鸣，听众可以从故事人物中找到自己的影子。故事里的人物越接近听众，故事就越有意义，听众也就越愿意听。一个贴近听众的故事更容易被听众记住，从而产生影响力。

怎样让故事里的人物更加生动呢？讲书人可以使用下面三个方法。

形象和动作

你可以通过描述故事中人物的音容笑貌、衣着打扮、肢体动作、面部表情等，在听众的脑海里建立一个具体的形象。我们来看看朱自清在《背影》里是如何描述父亲的：

> 我看见他戴着黑布小帽，穿着黑布大马褂，深青布棉袍，蹒跚地走到铁道边，慢慢探身下去，尚不大难。可是他穿过铁道，要爬上那边月台，就不容易了。他用两手攀着上面，两脚再向上

> 缩；他肥胖的身子向左微倾，显出努力的样子。这时我看见他的背影，我的泪很快地流下来了。

怎么样，是不是非常有画面感？这个父亲的形象是不是仿佛就在你的眼前了？

情绪

故事中要有情感的融入，把人物的情绪植入其中，或者描述人物情感的变化。我们依然可以举《背影》的例子："这时我看见他的背影，我的泪很快地流下来了。我赶紧拭干了泪。怕他看见，也怕别人看见。"

对话

通过描述"对话"，可以让人物变得鲜活，让故事更加生动。

对话是非常自然的，也是非常真实的表达方式。我们在讲故事的时候，是一种讲述的状态，不是"展现"或简单的"复述"。你可以通过对话来展示真实的人物。对话能够快速抓住听众的注意力。比如，你说："就在这时，王强对我说了一句话，直到今天我都还记得，他说……"讲到这里，你可以停顿一下，听众肯定会集中注意力，想知道后面王强到底说了什么。

要注意的是，讲故事时可以通过改变语音、语调来控制节奏，通过角色扮演，让故事更加具有活力和吸引力。当你扮演一个小朋友说一段话："爷爷，爷爷，我们星期天去动物园吧。"这时，你的声音就要嗲一点。你要换成爷爷的角色说："爷爷没空，让你奶奶下个星期带你去，好不好？"这时候，你的声音就要缓慢、低沉、显得苍老一些。

那么问题来了，有人会说："我的故事里就我一个人，没有人物对话，怎么办？"没关系，那就去表达你自己的内心独白。

我们可以来做个练习：在旅游大巴上，车厢里又闷又热，我的水喝完了，坐在我旁边的人给我喝了一口他的水，然后，我心里想……

请你来填空，后面我心里想了什么？你可以说："我心里想，'这杯水会不会有毒？'或者'他真是一个好人啊！'"这样的内心对话也能让故事变得生动起来。

关于人物在故事里的运用，最后还有一个小小的提示，那就是一个故事里最好不要出现超过三个人物，不然会大大加重听众的负担，让人记不住。

如何写出让人回味无穷的结尾

接下来，我们来讲一讲如何打造出一个让人回味无穷的讲书稿结尾，也就是如何写出一个"豹尾"。为什么我们需要一个像豹子尾巴一样有力的结尾呢？在心理学上有一个"近因效应"，指的是当人们认识记忆一系列事物时，对末尾部分的记忆效果要强于中间部分。也就是说，听众会对你在讲书时的最后一段话印象更深刻。

同理，如果你去参加讲书比赛，第一个开场的往往比较吃亏。因为"近因效应"会让评委对后面的讲书印象更深。这也就是为什么很多表演节目的重头大戏往往要放在最后一个上场，这叫压轴或压台好戏。

对于一篇讲书稿而言，如果你前面写得都很棒，但结尾没写好，难免会给人虎头蛇尾的感觉；相反，好稿子的结尾通常是经过精心设计的，让人听完有一种“余音绕梁，三日不绝于耳”的感觉。那么，怎样才能打造出精彩的结尾呢?

四种好的结尾方式

现在我们来看看，好的讲书的结尾可以用哪些方式来呈现。

总结呼应

这是我们最常用的一种结尾方法。当你讲完了前面的内容之后，听众可能已经记不起你之前都讲了什么。这时候，你可以在结尾做一个提炼总结，帮听众回顾下你讲的要点。同时，也是和前面的开场做一个呼应。

金句升华

在讲书的最后说一句金句，能一下子把整个讲书的层次升华了。最方便的金句来源就是要讲的这本书。比如，生命是一袭华美的袍子，上面爬满了虱子（张爱玲《天才梦》）；为你，千千万万遍（卡勒德·胡赛尼《追风筝的人》）；活着什么也不为，就是为了活着本身而活着（余华《活着》）。

号召行动

当你已经给听众传递了一个有价值的思想，为什么不鼓励他们行动起来呢？你可以采用号召行动的结尾方式，呼吁大家去行动。

有位讲书人在分享《大脑健身房》时，结尾就做了一个号召：一个人运动，改善的是一个人的脑健康。那么一群人运动，所有人都运动呢？那我们改变的将是整个社会。让我们再贪婪一点，我相信一个拥有强健大脑的民族的未来一定会更加灿烂。

重复排比

当你讲的内容已经打开了听众的心扉，触发了听众的情绪，那么可以在结尾的地方用重复排比的方式强化你的观点，让结尾显得更有力量。

避免几种不可取的结尾方式

草草收场

你有没有听过这样的结尾："非常抱歉，今天的时间到了，无法讨论另外一些问题了，有机会咱们下次再说吧。"这样的结尾似乎在表示你还有很多东西要讲，但是你没有提前计划好。这不会让听众感觉意犹未尽，反而会让他们觉得你不够专业。

大段感谢

有一些人习惯在最后花大量时间去感谢主持人、主办方、其他讲书人、自己的团队以及现场观众，等等。可是，只要这不是颁奖现场，你就根本没必要这么说。听众们更关心的是你分享的书和传达的观点。用一个简单的"谢谢大家"收尾，干脆利落，会更受人欢迎。

增加新知

讲书新手常常会犯一个错误，就是在结尾的时候增加一些前面没有提到的全新的内容，这样会让听众感到难以消化。这就好比你去吃大餐，所有的菜全部吃完了，你已经很饱了，这时餐厅又给你上了一道硬菜，你是吃还是不吃呢？这种画蛇添足的做法会让你的整场分享垮掉，得不偿失。

发起提问

还有一个讲书人常会犯的错误是：在结尾的时候发起提问，比如问大家还有没有什么问题。我不建议你这么做。如果有预先设定好的互动环节，那提问应该是和讲书环节分开的。也就是说，讲书是讲书，提问互动是提问互动，这是两个不同的环节。

讲书结束，提问互动之前，可以由主持人串个场，或是自己收个尾，但不要把两个环节混在一起。否则现场没有人提问，或者你的互动拖得比较长，都会比较尴尬，从而影响大家对你的整体印象。

打磨讲稿的四大原则

没有人天生就会讲书，好的讲书作品源自好稿子，而好稿子都是改出来的。不过，很多人对自己写的东西很自恋，写完后舍不得删改。

诺贝尔文学奖得主海明威曾说过："一切文章的初稿都是狗屎。"据说，他把这句话写在每篇作品的初稿的纸上，用来提醒自己不要追求一篇完美的初稿。既然初稿是"狗屎"，那就避免不了大刀阔斧地修改。

通常一篇稿子，从中心思想到逻辑结构，再到措辞用句，作者都要反复推敲。几轮下来，终稿与初稿相比，早就面目全非了。所以，好稿子都是从"狗屎"般的初稿改出来的。

那么，具体怎样打磨一篇讲书稿呢？我们可以从以下四个方面入手。

扫除讲书路上的“路障”

你在听别人讲话的时候，有没有出现过这种情况？当你听到某一个地方的时候，大脑突然出现了短路，整个人就愣了一下。这时，你的思路就被打断了，开始走神，讲书人接下来讲的内容也就不再吸引你了。

那么，究竟发生了什么事情呢？那是因为沟通中出现了“路障”。就好比你以 100 千米的时速在一条宽敞的高速公路上一路飞驰，你感到特别畅快。就在这时，你突然发现道路中央出现了一个障碍物，你连忙来了一个急刹车，换挡减速，甚至停了下来……这时，你的驾驶节奏就一下子全被打乱了。

讲书的“路障”就是指那些在听书时会让听众卡在那里，不再跟随讲书人的节奏往前走的障碍。下面介绍六种讲书中常见的“路障”，以及扫除它们的方法。

错误的细节

有一类错误的细节来自书籍本身。我在准备讲解《实用性阅读指南》这本书时，发现书中有一处提到了人的大脑有一个负责处理情绪的区域叫作“扁桃体”。“扁桃体”不应该是喉咙部位的器官吗？怎么跑到大脑里了？我查了查资料，才明白作者提到的那个区域在中文里应该是“杏仁核”，这是翻译导致的错误。后来，我讲书时就没有引用原文，而是把错误给纠正过来了。

还有一类错误来自讲书人自己。我曾经听一位讲书人提到自己对宋朝历史的解读来自《史记》。但是，稍懂历史的听众都知道《史记》只写到了汉武帝年间，比北宋早了1000年，讲书人明显犯了一个常识错误。

当听众质疑你讲的细节时，同时也会想，你所讲的其他部分是不是也有问题，是不是都是编的？当听众对你的内容产生怀疑时，你的表达的可信度就会受到严重的影响。解决这个“路障”的方法，就是要认真仔细地检查你的内容，对不确定的细节进行反复查证确认。如果还是不确定，那就宁可不讲。

存疑的事实

当你说的事情听众听来感觉很可疑时，他们就会“跳戏”，开始走神。比如，讲书人说他八岁的儿子读完了《长期投资》这本书之后，对他说：“每个人在波涛汹涌的海域上航行，都要手握一个指南针，它也许在为我们提供一些信息，也许是为我们提供必要的内心平静，愿我们每个人都能找到指引自己前行的指南针！”

当听众听到这里时，心中也许就会开始产生疑问：“一个八岁的小朋友能读懂一本投资类的书籍？读完还能说出那样一番话？”显然，这听起来有点不太真实。

敏感的话题

有的书会涉及一些敏感的话题，一定要处理好，或者略过不提。对道德底线、合规问题、国家政治、宗教信仰、低俗色情等话题处理不当，会让人产生强烈的反感，会影响讲书人的个人品牌，所以千万不要去“触雷”。

地域差异与歧视

讲书如果出现明显的地域歧视，同样会让听众产生抵触情绪。比如，“XX 这个地方骗子比较多”这样的描述，你讲的时候可能自己意识不到，也许是你已经习惯了，讲顺口了，甚至真的就是这么认为的。这些内容很可能会导致一部分听众不满，甚至引发他们争执。

另外，地域不同，会有文化上的差异，对书中内容的理解也会有差异。尤其在讲国外翻译过来的书籍时，讲书人更要留意听众的接受程度。说者无意，听者有心。在公众场合或平台上，对自己的表述务必要慎重对待，尊重地区差异，避免发生不必要的麻烦。

遗留的信息

听众在讲书时，大脑会自带存放信息的“格子”。讲书时，如果没有对一些信息做出收尾处理，听众就会反复琢磨，反而忽略了讲书人所讲的有价值的内容。我们前面说过，如果这个信息无关紧要，那么在前面就干脆不要提。

易误解的词汇

那些难懂的专业词汇、拗口的书面语言、多音字和同音词容易造成误解和困扰。讲书人徐丹在讲《浮生六记》时提到，芸娘在家境衰落之际，为了照顾夫君沈复的面子，把吃饭的碟子拼成一朵墨梅的形状。书中原文就是用了“墨梅”这个词，但是“墨梅”这个词在我们口语里不常见，讲书人这么表述虽然没有错，但很可能会让听众的大脑愣一下，也会影响听讲的节奏。更好的说法就是直接说“梅花”，这样就简单易懂了。

讲书中，如果出现会干扰听众理解的同音字，且无法替换时，就需要解释一下。例如，讲书人王冠杰在讲《黎明之前》这本书时，提到原始人身上有虱子。讲到了“虱子”这个词的时候，他就特地解释了一下：“不是草原上的‘狮子’，而是寄生在动物身上的一种虫子。”讲书高手往往都会注意到这些细节。

写讲稿和真正口头讲书是有差别的。写在纸上的文字，你很难察觉出多音字和同音字。我们在现场讲书时，也不可能有电视剧里的那种同步字幕。所以，在准备好文字稿后，一定要大声地念一遍，这样也许就会找出很多容易误解的词语，以便重新修改。

这六种讲书“路障”，正是初学者常常会犯的错误。如果讲书人对这些“路障”不重视或处理不得当，甚至可能会造成“车祸现场”。学会清除这些讲书中的“路障”，就能让听众跟随你来一次畅快淋漓的听书之旅。

讲书稿应避免的“知识诅咒”

先来解释下“知识诅咒”这个词，因为这个词本身也被“诅咒”了。知识诅咒的英文是“the curse of knowledge”，意思是“我们一旦知道了某事，就无法想象这件事在未知者眼中的样子。当我们把自己知道的知识解释给别人的时候，因为信息不对称，我们很难把自己知道的东西完全给对方解释清楚。”也就是说，我们的知识“诅咒”了我们。

1990 年，美国斯坦福大学研究生伊丽莎白做了一个简单的研究，她让被试分别扮演“击节者”和“听猜者”两类角色。击节者在桌子上把诸如《生日快乐》等耳熟能详的歌曲的节奏敲给听猜者。听猜者的任务是根据敲击的节奏猜出正确的歌名。

实验结果非常有意思，听猜者猜对的概率仅为 2.5%，而击节者预估猜对的概率是 50%。面对这样的结果，击节者个个都非常惊讶：你怎么会这么笨？这个调子难道还不够明显吗？实际上，击节者在击打节拍时，脑海中会自然响起歌曲的旋律（你不妨自己动手试试，把生日歌的节奏敲出来，耳边肯定会听到这首歌）。而此时，听猜者不可能感知到旋律，他们只能听到一串不连贯的敲击声——类似摩斯密码那样古怪的节奏。这就是为什么虽然家长把某个概念说了几百遍，但孩子就是不明白；如果孩子突然明白了，往往又会认为很简单。

知识诅咒是讲书中最常见的一种“坑”。那么，究竟该怎样破除“知识诅咒”呢？这里有五种方法。

做类比，打比方

有一次，我给中国移动公司的员工讲了一本关于 5G 网络的书。这本书专业性很强，而我作为一个外行，要讲好很难。后来我想到了用打比方（类比）的技巧。我给学员解释 5G 的速度时是这样说的：“如果把 4G 的速度比作公交车，那么 5G 的速度就是磁悬浮列车。”

这么说当然不精准，但很形象生动，一下子就能让人对 5G 的速度产生清晰的认知。如果销售人员也这样解释给客户听，那客户就更容易理解了。让听众能轻松地理解你说的内容，这才是关键所在。

把抽象语言具体化、形象化

我们小时候都有这样学算术的经验：当有人问你 5 减 2 等于几时，你学起来可能没有那么快；如果给你设一个场景，比如总共有 5 个苹果，你吃了 2 个，问还剩几个。借助这样的场景，学习是不是就容易多了?

研究人员把这类方法称为“语境算术”，也就是用具体事物代替抽象概念。这是人类理解概念的基本原理，非常适用于数学教学。

在讲书中，我们碰到抽象的、不好懂的概念时，不要再用抽象的概念去解释，这很可能会让听众越听越糊涂。你要尽量用带有细节的、生动的语言去描述。比如，你可以讲故事，把抽象的语言具体化、形象化。只有讲大白话，受众才能更容易接受。

避免使用专业术语、缩略语

先来看一组词语：三氧化二砷、聚对苯二甲酸乙二醇酯、脊髓灰质炎。怎么样？是不是这些词语里的每个字都认识，但合起来就是不知道那些是什么东西。

三氧化二砷，俗称砒霜；聚对苯二甲酸乙二醇酯，是一种叫涤纶的面料；脊髓灰质炎，又叫小儿麻痹症。专业的人讲专业的书，最大的问题就是他们时不时会蹦出一些专业术语、缩略语。他们本人可能在台上讲得口沫直飞，台下的听众却常常听得云里雾里。

讲书的基础目的是要让听众听懂。如果听众都没有明白你的意思，就算你讲得再多，效果也是零。在这种情况下，讲书人要学会避免使用专业术语和缩略语（如果要用，起码也要解释清楚），可以使用替代性语言解释专业词语。例如，当你讲一本关于“P.E.T”的书籍时，一定要说明“P.E.T”的意思是“父母效能训练”，并解释它的具体含义是什么。

使用辅助图表、道具

如果给一个从未见过苹果的小朋友解释什么是苹果，那是很难讲清楚的。这时，如果你递给他一个苹果，再让他吃一口，那么他就能很快知道什么是苹果了。

书面文字传递的信息是有限的，口头语言也一样。当语言表达不够用的时候，就要用图表、道具来帮忙。一张图，一个道具，往往胜过千言万语。这些技巧我们前面已详细讲解过。

例如，讲书人蜗牛哥在讲《穷爸爸，富爸爸》的时候，需要讲解书中“ESBI 四象限”这个概念。他用的方法就是手绘了一张图，给听众直观地展现了什么是 ESBI 四象限。

讲给外行或理解能力弱的人听

要摆脱“知识诅咒”，你就得逼自己跳出原有的思维框架，拥有同理心，进行换位思考。你可以试着从一个门外汉的角度去思考，看看能不能理解自己要讲的内容。不过，这是很难做到的，人们很难清空自己已有的知识，假装自己不知道。

在准备好讲书稿后，你可以去找一个外行，甚至是一个理解能力较弱的人（比如，小朋友或文化层次不高的人），讲给他们听，请他们帮你测试，给你改进的意见。这种方法是比较靠谱的。

精简讲稿的语言

美国《独立宣言》的起草者托马斯·杰斐逊曾说过：“所有天才最珍贵的品格就是能用一句话说清楚的事，绝对不用两句话。”

我帮别人改过的讲书稿超过几百篇，从中发现了一个绝大多数人都会犯的毛病——啰唆。一篇优质的讲稿需要做到两点：一是内容简洁，二是篇幅短小。

糟糕的讲书稿要么是长篇大论，要么就是让人看不明白。讲书稿并不是供人阅读的，而是要讲出来给别人听的。这意味着你要让内容足够简单，而且便于理解。要做到这点，你要反复告诉自己“简短才是有力量的，不要贪多”。

TED 演讲规定每位嘉宾的演讲不能超过 18 分钟，乔布斯的斯坦福大学毕业典礼上的演讲不到 15 分钟，丘吉尔在“至暗时刻”的演讲仅仅 6 分钟。你需要做的就是删掉一切与主题无关的内容，删掉一切不易理解的内容，删掉一切重复啰唆的内容，不要舍不得删。

我曾经研究过一些历史上经典的演讲稿，它们有一个共同的特点，就是一个字都删不掉。真是做到了“添一分则多，减一分则少”的境界。那么，讲稿要如何做到字字珠玑呢?

选择恰当的词语

用最简单直接的词语，而不是复杂正式的书面语。少用书上的原话，要翻译成大众能听懂的语言。比如，把“发端”改为“开始”，把“渴求”改为“想要”，把“陈述”改为“说”，等等。

要更精准地表达你的意思，就要避免使用模糊的修饰词。

简化词组

切勿堆砌华丽、冗长、啰唆的辞藻。记住，你不是在写散文。比如，把“就……达成共识”改为“认同”，把“之所以如此的原因是……”改为“因为……”，等等。

删掉没用的套话，那些老套空洞的内容不能给听众留下任何价值。诸如“我们一定要积极迎接新的挑战，自信地面对未来……”“读了这本书，将会遇见更好的自己……”这些统统都可以删掉。

缩减句子的长度

使用短小有力的词语。字少，却更有力量。比如，奥巴马就职演说的“是的，我们一定行”，恺撒大帝的“我来过，我看见，我征服”。把一个长句分成几个短句来讲。短句才更有表现力。句子过长，听众听了会跟不上你的节奏，听了后面的就忘了前面的。不信的话，你自己找几句话来读一读，看看更容易被记住的是短句还是长句。

把被动句改为主动句。被动句会给人一种僵硬、乏味、做作的感觉，而主动句更清爽、干脆、亲切。比如，把“在我执行了书中提到的时间管理方法半年后，每天一小时已经被节省下来”改为“我按书中提到的时间管理办法实践半年后，每天节省了一小时”。

删掉“我认为”“我相信”“大家都知道”“对于大多数而言”，这些说法只会削弱表达效果。比如，把“我们认为当前疫情状况很严重，而且我相信大家都很难受”改为“当前疫情严重，大家很难受”。

总而言之，讲书人最容易犯的毛病是，明明能够用一句话讲清楚的事，往往要讲上一大堆。讲书人最应该学会的一种能力就是“做减法”。对待讲稿，要毫不留情地删减。

原则上，如果你发现删掉某个词、某句话、某段内容也不影响意思的表达，那就删掉吧。我们只有不断挑选最恰当的词语，简化词组，缩减句子，精雕细琢地打磨每个字，才能成就一篇优秀的讲稿。

打磨出通俗易懂的讲书稿

对象感

讲书稿的语言风格要有“对象感”。你可以想象有一个人就在你面前，你在跟他对话。那写稿时，具体要注意什么呢？ 加入“过渡语”。比如，“唉，对了，说到这件事……”“……你说对吧？”“那么接下来，我们来聊聊……”类似的语言一般不会出现在书面语中。但在讲书时，你这么讲既能够让听众的大脑得到一个缓冲休息，也会让听众觉得亲切自然。

口语化

讲书稿的语言不是书面语，而是口头语。更准确地说，应该是像聊天一样的风格。把这种语言风格发挥到极致，就像在跟菜市场里的卖菜大妈聊天，听着不累，轻松愉快，还很接地气。

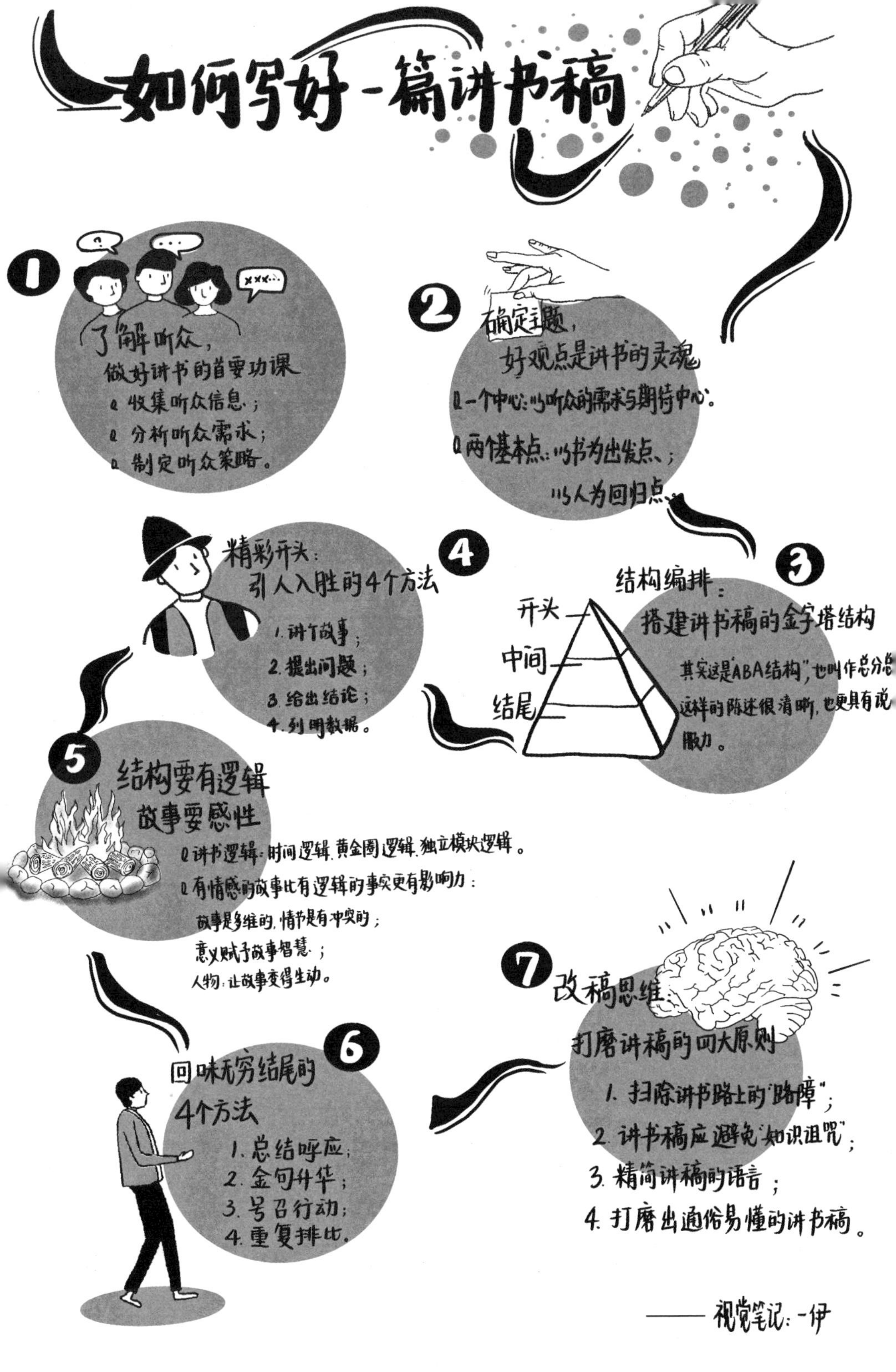

如何写好一篇讲书稿
1
了解听众，
做好讲书的首要功课
收集听众信息；
分析听众需求；
制定听众策略。
2
确定主题，
好观点是讲书的灵魂
一个中心：以听众的需求与期待中心。
两个基本点：以书为出发点、；
以人为回归点。
3
结构编排：
搭建讲书稿的金字塔结构
开头
中间
结尾
其实这是"ABA结构"，也叫作总分总
这样的陈述很清晰，也更具有说服力。
4
精彩开头：
引人入胜的4个方法
1. 讲个故事；
2. 提出问题；
3. 给出结论；
4. 列明数据。
5
结构要有逻辑
故事要感性
讲书逻辑：时间逻辑、黄金圈逻辑、独立模块逻辑。
有情感的故事比有逻辑的事实更有影响力：
故事是多维的，情节是有冲突的；
意义赋予故事智慧；
人物：让故事变得生动。
6
回味无穷结尾的
4个方法
1. 总结呼应；
2. 金句升华；
3. 号召行动；
4. 重复排比。
7
改稿思维：
打磨讲稿的四大原则
1. 扫除讲书路上的"路障"；
2. 讲书稿应避免"知识诅咒"；
3. 精简讲稿的语言；
4. 打磨出通俗易懂的讲书稿。
——视觉笔记：一伊

06

现场讲书训练指南

学会了讲书的技巧，在面对真实场景时，我们要如何才能更好地呈现出一本书的精华，训练出讲书技能呢？本章将从五个方面予以指导。

讲书注意避免的三个坑

自从我进入讲书领域，前前后后已经写过和修改过上千篇讲书稿了。在这些讲书稿里，我总结了三个新手最容易犯的讲书毛病，也是最容易踩的坑。

第一个坑：知识诅咒

一本好书里常常会有一些新知识、新概念，讲书人在看完后觉得收获很大，就想迫不及待地把它们分享给听众。不过，此时讲书人很容易犯一个错误：自己懂得某个知识，觉得很简单，于是觉得别人也理应知道。带着这样的认知，讲书人就会被知识“诅咒”，结果会导致听众无法理解他所描述的意思。

我自己就曾犯过这样的错误。记得有一次，我在讲《我们是如何走到今天》这本书的时候，提到了书中的“蜂鸟效应”和“蝴蝶效应”两个概念。当时，我讲得兴致勃勃，以为大家都听懂了，但结果台下的听众听得一头雾水，露出了迷茫的眼神。这时，我才意识到自己也中了知识诅咒。

很多人会被知识“诅咒”且常常不自知。更糟糕的是，知识诅咒会伴随着专业知识的积累，而愈加严重。知识诅咒的危害往往很大。除了讲书，我们在工作环境中也常常会遇到知识诅咒，这会导致沟通成本高、效率低、效果差等现象。更可悲的是，可能会导致沟通的双方相互埋怨，都觉得憋屈。

我曾受邀去一家医院给 40 多位“白衣天使”进行表达类培训。医护人员们希望自己能更好地与老百姓沟通交流，传播健康知识。这些医护宣讲员反映他们遇到的最大问题就是，他们自以为讲得很清楚了，病人或老百姓却表示听不懂。仿佛双方是来自不同时空的人，始终无法在一个频道对话。

问题就出在医生使用的语言太专业了。缺乏专业知识的老百姓压根无法接收到这些信息。当双方在这方面的认知不在一个水平时，出现听不懂的情况也就不足为奇了。平时我们去医院看病，即使检查报告上面的一堆数据和专业词语每个字都认识，也不知道它们是什么意思。很多医患纠纷都是由医生和病人或病人家属的沟通不顺畅引起的。

在自己的专业领域学得精深是一种重要的能力；但能把自己懂的东西讲出来，并且能让别人听明白，又是另一种重要的能力。如果讲书人把听不懂的原因归于听众水平不高，而不是去提升自己的表达能力，那就很可能错过很多让自己的观点闪闪发光的机会。

第二个坑：情绪自嗨

每当看到一个讲书人在台上讲得口沫直飞、脸泛红光的时候，我都会不由自主地看一眼现场的听众，看看大家的反应是怎样的。遗憾的是，很多时候，我看到的是一张张木然的脸和一个个尴尬的表情。

我非常理解，讲书人讲的通常是自己很喜欢的书，他也特别想把它推荐给大家。于是，他便使出浑身解数，掏心掏肺地分享，希望听众们也能像自己一样有所收获。

此时，讲书人往往会不自觉地掉入“情绪自嗨”的坑里。如果讲书人一味空洞地强调“这本书有多么好，曾经改变了我的一生，你也一定要去看看……”之类的话，那只能是一种自嗨。这种用力过猛带来的往往是吃力不讨好。听众听了，非但不会买账，反而可能会产生逆反心理。

俗话说“有理不在声高”，你要说服别人接受你的观点，靠的不是激烈的情绪，而是真诚的态度、有料的内容和吸引人的表达方式。

从根本上来说，讲书人的心态很重要。你要做的不是“叫嚣”着“售卖”自己的观点，而应该是娓娓道来、真诚地分享你的想法。你不需要抱着过高的期待，不要觉得别人一定要接受你的观点。放轻松点，用心去讲就好。当你怀着一种“送礼物”的心态，放下自我，放弃自嗨时，才能讲好一本书。

第三个坑：贪多嚼不烂

在教人讲书的过程中，我被问到最多的问题是：“这本书里有好多观点都非常好，时间不够，我根本讲不完，怎么办？”

讲书不是照着书去读，而是把书里的精华提炼并呈现出来。目前，市面上的讲书类音频节目大多是一本书讲 20～40 分钟，最长也就一小时左右。就算给再多的时间，讲书人也不可能把书里的内容全部讲完。

很多人会觉得一本书里面好的东西太多了，如果不讲完，简直有点对不起这本书。我非常理解这种感受，因为我也曾有过类似的心路历程。但事实上，讲书的目的之一就是激发听众去看这本书的欲望。如果你试图在这么短的时间内，把所有的东西都丢给听众，是不可能做到的，同时也是没有必要的。

我记得在一次讲书训练营里，有位学员讲了《卡尔·罗杰斯会心团体》这本心理类图书。当时的要求是只能讲 3 分钟，但她却想要完整地描述会心团体（一种心理治疗法）的 15 步程序模式。大多数人一听到这里，基本上就崩溃了。15 个程序模式讲完，听众能记住其中的 5 个就已经很不错了，更大的概率是一个都记不住。最终在我的建议下，她只精讲了其中一个步骤，完成了一次不错的讲书。

人类大脑的容量是有限的。接收信息时，如果太多的内容一下子全都涌入人脑，反而会造成信息阻塞，导致人压根无法吸收消化。

因此，讲书人一定要学会做取舍。在一本书里找到最有价值的内容去讲，这也是作为一名优秀的讲书人的基本能力。讲书人在有限的时间里能把一个观点讲好、讲透，让听众有所收获，就已经很不错了。

英文里有句话叫“less is more”，翻译过来就是“少即是多”。如果你什么都想讲，很抱歉，听众可能就什么都接收不到。所以，千万不要贪多，因为贪多嚼不烂。

学习讲书的心法

讲书是一件很有挑战性的事。普通人练习讲书有什么心法吗？我总结了五个“多”。

多听

市面上有很多听书的音频节目（本书附录三列出了一些听书的渠道资源），有一些是付费的，有一些是免费的，先多去听一些好的讲书作品，磨磨耳朵。

就像我们学习英语一样，沉浸在那个环境里，多听就能找到语感。熟读唐诗三百首，不会作诗也会吟。好的讲书作品还要反复听几遍，不仅要让它们流淌过你的大脑，还要让它们留在你的脑海里。

不要忘记了，听书的过程同样也是学习书里知识的过程。不过，和普通人听书不同，你不仅要关注讲书的内容，还要留意讲书人是如何描述、如何呈现书中的内容的，去感知一篇讲书作品的框架结构、遣词造句大致是怎样的。

多拆

拆有两层含义：一是拆解讲书作品，二是拆解要讲的书。

例如，在《那些让文案绝望的文案》一书中，作者小马宋老师提到他是如何成为文案创意高手的。他刚开始工作时，直接找到了 2 万个顶尖的创意作品，然后认真拆解，反复学习。经过大量持续不断的刻意练习，他后来才有了举重若轻的文案驾驭能力。

“聪明人要会下笨功夫”。先拆解，后模仿，再超越，这是很多高手的学习路径。

讲书这件事虽没有标准答案，但确实有优劣之分。要多去拆解那些优秀的讲书作品，不能只谈主观感受，还要找出它为什么讲得好，好在哪里，有什么值得我们学习的地方。

如果你拆解的讲书作品恰好也是自己看过的书，那么就先不要去听。你可以先想一想，自己会怎样去讲这本书，然后再去听别人是怎样讲的。对比一下，再去拆解，效果更好。同时，你还要多拆书，一本书里的内容非常多，要学会把书拆开，找到合适的观点去讲。一本书可以拆成好几篇讲书稿，这样能把书看得更深入、更全面。

多思

思也有两层含义：一是从书出发去思考，二是回归到人去思考。

讲好一本书是有一些方法和技巧的。但是，关键还是要回到书本身，把书吃透，多去挖掘书里的观点，多去思考作者要表达的是什么。同时，读书、讲书都是以人为中心的。你可以不断地叩问自己，你从书中获得了什么，解决了自己的什么问题，能够给别人带来什么价值。不要偷懒，把这些问题写在纸上，越多越好，再慢慢地梳理出思路。

多问

讲书是个“新鲜事物”，之前没有成熟的体系和方法论，也没有严格的标准，很多东西是热爱读书、乐于分享的书友自己摸索出来的。因此，在学习讲书的时候，如果能得到走在前面的伙伴的指点，就能省不少力气。

我建议你多向有成功经验的讲书人请教，请他们为自己答疑解惑。比如，把自己的讲书作品拿给他们听或看，获得反馈和建议，就能快速进入一种螺旋式上升的学习状态。

多练

刻意练习是学会一门技能的不二法门。如果说学习讲书有什么捷径，多练就是最关键的捷径。

我有一位学员雪霞，她刚来上我的课时在表达方面并没有天赋异禀。她讲话时带着福建乡音，这成了她表达上的一个小障碍。然而，雪霞就用极致练习的精神，跟讲书死磕到底。一分钟的视频，她录了整整 264 遍，每一遍都要化好妆、穿戴整齐。为了纠正普通话发音，她厚着脸皮、拎着礼物去向当地最好的老师请教。回去后，她坚持每天练习发音一小时，连续 100 天不停歇。她说："我的天资不好没关系，别人练一遍，我就练十遍，别人练十遍，我就练一百遍。"

功夫不负有心人，在我认识她恰好半年之后，她登上了书音的舞台，面对现场 500 名观众，从容自若地分享了《当我遇见一个人》这本书，并且获得了现场观众的好评。其实，就在准备这次剧场式讲书前，她还在拼命地练习。据她说，她开车时在背稿、走路时在背稿、做饭时也在背稿，直到上舞台前她还在对着镜子不停地练习。看到她登上舞台，华丽绽放的那一刻，我无比感慨。

通过这件事，我受到了很多启发。有时候，慢就是快。要想成为一名优秀的讲书人，大量的练习必不可少。

不得不承认，有些人天生就有演讲天赋。他们思维缜密、口吐莲花、妙语连珠、魅力十足。很多人可能穷其一生，也未必能达到那种境界。

换一个角度来说，我们大多数人其实都还没有努力到要拼天赋的地步。只要足够努力地练习，你依然能够成为一名优秀的讲书人。讲书是一门技能。掌握好一门技能，无非就是“专业指导 + 刻意练习”。专业指导是花钱就可以得到的，但刻意练习却要自己下功夫。这正应了那句话：你必须很努力，才能看起来毫不费力。下面我们就来讲一讲具体练习讲书的方法。

练习现场讲书的四步法

在大多数正式场合，讲书人是要脱稿分享的。这样做是为了让讲书人更真诚地面对听众，进行更纯粹、更走心的交流。要知道听众的耳朵是很敏锐的，即便是在不露脸的音频节目里，听众也能分辨出讲书人有没有在读稿子。

然而，脱稿的难度远远超过有讲稿（提纲也算）的难度。那么，你需要做的就是熟悉你的讲书稿。对于大多数人来说，一场 18 分钟的讲书至少需要 5～6 个小时的记忆时间。你需要留出充足的时间去备稿，否则可能会在台上陷入苦苦回忆的窘境。

注意，我在这里用了“备稿”一词，而不是“背稿”。背稿的最大缺点就是“太像背诵”了，有点“假”，少了与人分享时那种娓娓道来的感觉。一板一眼地背稿，过于注重与原稿的一字不差，就牺牲了讲书人在现场发挥的灵动与自由。

因此，最好的状态是“心中有稿，手中无稿”，达到“张无忌学太极”的境界——知其意，却不拘于形。讲书时，你可以按照设定好的大纲去讲，但不拘泥于一词一句；“忘记”原来的逐字稿，做到行云流水，一气呵成。但是，我要强调的是，“忘稿”的前提是你必须牢记自己的分享内容，烂熟于心。只有“记住了”才能去“忘记”。

那具体该怎么练习呢？一共有四步。

第一步，对墙练。要领是：记忆内容，掐算时间。刚开始的练习主要是为了记忆稿件内容。你对讲稿不熟悉没关系，可以拿着讲稿作为提示。

在很多重要的场合，讲书的时间是有严格限制的。超时是对于主办方和观众的不尊重。在严重超时的情况下，舞台上的人还可能会被“请”下场。在刚开始练习的时候，你可以把手机计时器打开，然后就开始讲，等到结束后再看用了多长时间。大多数情况下，你会发现自己是超时的，因为对稿子不太熟，会有忘词的情况，用的时间也会多些。如果练了几遍，你发现时间还是不够，就要开始调整讲稿的内容，删减字数了。

第二步，对镜子练。要领是：观察表情，留意动作。

等你已经可以很顺畅地讲出来时，就可以对着镜子练习了。这时，要多去留意自己的站姿、移动、肢体动作和面部表情。在对镜练习时，看看有没有需要调整的地方。

第三步，对镜头练。要领是：找到感觉，检查细节。

接下来，你就可以用手机将自己的讲书过程录制下来，进行后期观摩。录完之后，你可以稍事休息，然后转化视角，把自己当作旁观者，从观众视角去检查自己讲书中的缺陷，譬如，小动作、口误等细节问题。

说到这儿，我知道你很可能不愿意回看自己的视频。其实，我最初看自己的视频时，也是不忍直视。一个五分钟的视频，要反复播放暂停很多次，花半小时才能看完。面对自己的视频，我总觉得屏幕里的那个人怎么那么丑，不过看习惯也就好了。

不仅是我们普通人，有很多名人也表示从不看自己的视频。但是，不可否认的是，回看自己的视频是找到问题并改进的最快的方式之一。我们身上的很多小毛病（比如小动作、赘词、口误）往往是自己意识不到的。回看视频，就能让这些缺点原形毕露。例如，我有一位女学员在练习讲书时站姿不够优雅，我提醒了几次都没有效果。直到有一次，我把她演练时的视频拿给她看，结果她一下子就改正过来了。不是她之前不想改，而是她自己没有意识到。

第四步，对人练。要领是：听取反馈，精打细磨。

奥普拉·温弗瑞是美国一位非常著名的脱口秀主持人。她主持的电视谈话节目《奥普拉脱口秀》平均每周能吸引 3300 万名观众，并连续 16 年位居同类节目的榜首。她的节目曾采访过无数明星、政要、企业家，包括迈克尔·乔丹、威尔·史密斯、汤姆·汉克斯等，很多人以上她的节目为荣。

有趣的是，这些经常被采访的名人们在上完奥普拉的节目后，都会不约而同地问一个问题：我今天的表现怎么样？他们都急于想知道自己今天的表现，以及有什么需要改进的。

以铜为鉴，可以正衣冠；以人为鉴，可以知得失。没有镜子，人是看不到自己的。作为一名顶级的主持人，奥普拉成了那些名人们的一面镜子。

讲书练习的第四重境界就是找到敢于对你讲真话的人，也就是“诤友”，针对你的表现给予即时反馈。我就有这样的“诤友”。每当我很得意地把自己的讲书作品展示给他们时，常常会被批得一无是处。要知道，被人挑毛病的滋味可不好受，没有人喜欢被批评。

这时，我会强压着内心极度的不爽，挤出尴尬的微笑，虚心聆听对方的指教。因为我知道，只有这样的朋友才是真正地“爱”自己，才能帮助自己进步。一味鼓掌叫好、拍马屁的人，只会让自己盲目自大而不自知。

其实，“对人练”还有一个升级版，我把它称为“十八铜人阵”。根据我的经验，这是最好的练习方式。我的做法是提前邀请一些和现场观众差不多类型的人（通常不少于 10 个人）充当听众。然后，让他们对讲书排练进行评价，提出批评和建议。被评价的点可以包括但不限于以下内容：

- 讲书是否在一开始就吸引了人们的注意力?
- 讲书是否真正表达和传递了思想?
- 讲书人的姿态自然吗? 动作会不会太僵硬了?
- 讲书人听上去是在娓娓道来还是在背诵?
- 有什么地方让人们觉得乏味或走神了?

台下坐着的每个人都有自己的主观感受，更能代表真实的听众群体。他们可以就讲书人的表达、内容本身、语音语调、思想传递、遣词造句等方面给出建议，帮助讲书人打磨讲书作品。

这里的关键在于讲书人不要不好意思，当前在几个朋友面前“丢脸”，总好过以后在更多人面前被“打脸”。这一关就如同少林寺著名的“十八铜人阵”，只有通过了“找碴专家们”的挑战把关后，讲书人方可“出师献艺”。

如果你实在找不到人陪你练习，还有一种方法叫作“最佳表现精神实践法”。简单点讲，就是你在自己的脑海里，描绘出一幅细节丰富的画面，想象自己完成一次完美的讲书是什么样的。

比如，你自信地站在舞台上，从容地与听众互动，获得了热烈的掌声。然后，你就把这个最佳的现场状态，在大脑里不断地强化、固化下来。

如果有条件，你应该提前来到现场，确保所有的设备和演示播放都是正常的，然后在现场再试讲一遍。这样一套完整的排练流程走下来，可以让你有九成九的把握。

俗话说“台上 1 分钟，台下 10 年功”。任何一种表演形式都离不开前期辛苦的排练和充分准备。没有经过打磨的现场讲书，面临的风险是极高的。大家只看到那些厉害的讲书人在舞台上镇定自若，侃侃而谈，却没有看到他们在背后所做的大量准备和练习。例如，乔布斯每次做新产品发布的前两周，苹果公司都会把会场包下来做预演。小到一个手势、身体的倾斜角度、话语的停顿（在哪里停顿，停顿多久）这样的细节，乔布斯都会提前设计好，并不断地重复练习上百次，直到形成肌肉记忆。

台上的光辉绽放无一不是来自幕后的极致练习。讲书人最担心的“怯场、紧张、怕忘词”的问题，也都可以通过练习得到缓解。

克服上台紧张的四个妙招

在 1974 年 11 月《伦敦时报》对读者进行的一项调查显示，在人类的十大恐惧中排名第二的是死亡，排名第一的是公众演讲。很多学习讲书的人最担心的问题往往是：讲书时会紧张，怎么办？

人们为什么会在面对公众表达时紧张

紧张是每个人都有过的体验。当你紧张时，你会有什么生理上的反应呢？大多数人的表现是嗓子发紧、口干、呼吸紧促、脸红、出汗、心跳加速、脸发热或发冷。更严重的，有些人会出现抽搐、膝盖发抖、恶心、腿肚子发抖等现象。

每个人的生理反应都不同。我在上台前也会紧张，出现的“症状”是两腿发软、头脑空白、不停地喝水以及不停地去卫生间。下面跟大家分享一个故事。

> 在很久以前，一位原始人独自外出捕猎，不小心误入敌对部落的地盘，一下子就被敌人团团包围了。眼看一帮不怀好意的人，手持长矛、虎视眈眈地望着自己，他只有两个选择：要么逃，要么等死。这让他肾上腺素飙升，内心无比紧张。

此时此景，是不是像极了几万年后的你，孤独地站在舞台中央，一束追光射向自己，台下还有无数双陌生的眼睛盯着。此刻，你无处可逃，就像在等死，无比紧张。

早在远古时期，“紧张”的基因就植入了我们的身体里，成为人们应激生理反应的一部分。紧张对于人类的生存并不是坏事。如果我们的祖先遇到危险不紧张，不产生应激反应，估计早就被老虎狮子吃掉了，也就没有我们了。

总之，紧张是很普遍，也很正常的现象。如果你从不紧张，那反而不正常了。人在处于紧张状态时，肾上腺素就会飙升，从而出现心跳加速、呼吸急促、脸红口干的现象，有时大脑也会变得一片空白。这也就是为什么你在紧张时容易忘词。

当我们在台上紧张时，该如何应对

准确地说，紧张只能被“缓解”，而不能被“根除”。事实上，不仅是讲书人，那些运动员、歌手、演员、主持人在上场时，也同样会紧张。

缓解紧张的第一步就是要正确地理解紧张，接受紧张，并与它“做朋友”。我见过不少“好心人”，他们在试图缓解他人紧张的时候，往往会说“别紧张”。但事实上，越说“别紧张”，“紧张”二字就越会牢牢地植入对方的脑海里，对方就会变得“更紧张”。这时应该换一种说法，把“别紧张”换成“要放松”，进行正面心理暗示。同理，肥胖者常常告诉自己“我要减肥”，结果“越减越肥”，更好的说法应该是“我要瘦身”。

你可能还听说过一个方法可以缓解紧张，那就是把听众当成土豆和稻草人。只要你在心理上占了优势，就不会紧张了。这样做可能会有一些效果，但我不建议你这么做。因为这么做就意味着你将漠视你的听众，与他们不会再有眼神和情感的交流，你也只是为了完成讲书而讲书。这样你虽然换得了精神安慰，却牺牲了对听众的关注，得不偿失。

你可以试试下面几个放松自己的心法妙招。

生理上

上台前，你可以进行深呼吸，让更多的氧气进入身体，加速血液循环，让血液回流到大脑。这是一个不错的办法。有些讲书人上场前，会在后台不停地走动，其实也是一种紧张时自我释放的表现。

还有一招，我亲测有效。你可以握紧双拳，绷紧全身，坚持 10 秒，然后突然放松。如此反复数次，也能让自己在身体上获得轻松感。

如果时间充裕、条件允许，花五分钟做一段冥想，也是不错的选择。

心理上

想象一下，假设今天你发了一张自拍到朋友圈，收到 99 个点赞和 1 个差评，你会更关注什么？大部分人会对那 1 个差评心怀芥蒂，而忽略了 99 个点赞，这是人之常情。讲书也是如此。如果台下有少数听众刷手机、交头接耳、起身走人，都会给舞台上的讲书人带来很大的心理压力。你会怀疑自己讲得不好，从而严重影响自信心，最后当然就越发紧张了。

面对这种情况，正确的做法是调整心态，适当“忽视”台下的“负面情绪”。你可以安慰自己：也许有的听众已经听过这些内容了，他们不感兴趣没关系，我只要服务好其他听众就好了。这时，你应该把注意力专注在你讲的内容上。同时，你也可以在听众中找到“自己人”，可能是你认识的“托儿”，或者是“面善的陌生人”，多与他们进行眼神交流和互动，通过获得关注和认可，建立自信。

终极秘诀

以上都只是在“技术层面”上缓解紧张的办法，其实最有效的方法还是将你的讲书稿记得滚瓜烂熟，在头脑里想象出讲书的场景，并不断练习，形成“肌肉记忆”。

从长远来讲，不断地找机会上场讲书，放下包袱，坚持“厚脸皮”，霸占舞台，通过实战磨炼，突破自我，才是战胜紧张的终极方法。当你建立了强大的自信，即使在舞台上时依然会有紧张感，你也已经能够很好地适应并从容应对了。

如何避免不必要的口误

最大的原因是紧张。除此之外，还有以下两个原因不可忽视。

第一个原因：讲稿太难记。我们平常讲话时会非常流畅，那为什么讲书时就会忘词呢？其中一个原因就是，你要讲的内容太难记了。

讲稿是书面语言，讲话是口头表达，两者差别比较大。当你试图“讲”出那些“文绉绉”的书面语言时，会觉得很别扭。自己都讲不顺，别人听着当然也费劲。记忆这样的稿子，肯定非常困难。万一你的讲稿逻辑不清晰，条理性不够好，语言很拗口，那么你“忘词”的概率会提高至少10倍。

第二个原因：心理负担太重。在重要场合下，人的状态往往会受心理因素的影响。比如，原本成绩优秀的运动员会在大赛中发挥失常。我见过不少讲书人在台下把稿子背得滚瓜烂熟，但一到台上就“掉链子”，就是因为他太在意观众对自己的看法了。沉重的心理包袱会让他无法集中精神完成讲书。

如何解决忘词的难题

要从根本上解决“忘词”这个问题，从源头上降低甚至杜绝“忘词”的可能，可以采用以下五招。

第一招：多用口头语言。准备讲稿的时候就要注意，要把稿子改得更接地气，更口语化。如果你自己念着都觉得别扭，那就一定要改到读着觉得舒服为止。注意，我们在讲书时不需要按原来写的稿子逐字逐句、一字不落地背诵，而是要用自己熟练的语言风格去讲述，感觉就跟平常讲话一样。但是，这是有情感、有内容、有准备的讲述。

第二招：牢记关键词。我们平常聊天不会刻意准备逻辑结构，可是在一场时间有限的讲书中，必须有明确的主题和让人容易理解的框架结构。如果讲稿很长，那么你只需要记住几个核心观点的关键词（比如重要论点）就行了。其他内容（比如具体论据）就很容易展开了。

如果你还是担心会忘词，那么可以事先准备几张“关键词”小卡片，需要的时候拿出来看一眼，作为一个提示。但是注意，千万不要带逐字稿上场。因为一旦你忘词了，第一时间就会想到拿逐字稿来读。这对于听众来说，还不如短暂的忘词来得感觉好。

第三招：讲故事。如果我现在请你讲《孙悟空三打白骨精》或《狼来了》的故事，相信你肯定可以脱口而出，滔滔不绝，压根不存在“忘词”这回事儿。这是为什么呢？因为不论是讲书人还是听众，天生对故事就会记得很牢，有的故事甚至听一遍，一辈子都忘不了。但如果让你去记一些干巴巴的道理或冷冰冰的数字，你一定会很痛苦。所以，在讲书中穿插一些故事，你讲起来会轻松很多。

第四招：开头打死不能忘。讲书人最紧张的时刻往往是在开场。面对陌生的环境和听众，讲书人需要“冷启动”，这个阶段“忘词”的可能性很大。

你一定要记牢开场最初两分钟内的分享内容，最好可以达到无论在什么情况下都能不假思索、脱口而出的状态。顺畅地讲完开场后，你也会渐入佳境，慢慢有了自信，也就不那么紧张了。

第五招：战术上重视，战略上藐视。记得有一次，我和另一位老师给学员们做讲书大赛前的辅导。有位学员问：“老师，我记不住稿子，怎么办？”那位老师的回答让我印象深刻，她说：“实在记不住，那就退赛吧。”你自己是不是重视讲书这件事才是关键。对于普通人而言，只要做足准备，一篇几分钟的讲稿一定是可以记下来的。不要为自己记不住稿子找借口了。

解决忘词最好的办法就是一个字：练。乔布斯在准备苹果产品发布会的演讲时，都会练习上百遍。你如果也可以做到，恐怕想要“忘词”都很困难了。讲书前做大量的准备，充分重视你的讲书，这是对自己负责，也是对观众和主办方负责。

不过，你在战略上还要学会“藐视”。也就是说，在充分准备的基础上，也不要有心理负担。当你站在舞台上时，要告诉自己你就是聚光灯下的主角，接下来的舞台时间都是属于你的。请你把关注点放在自己讲书的内容上，不要太在意别人怎么看。抛除心魔，轻松上阵。

万一真的忘词了，怎么办

就算你有了万全的准备，在现场还是有可能忘词，那该怎么办呢？这里有五个锦囊。

锦囊一：快速、真诚地认错。当发现自己忘词时，可以真诚地说一句"对不起，我忘词了"。真诚面对，比故意掩饰要好。但也要注意，不要过度道歉。比如说："真的非常抱歉，由于昨天晚上熬夜休息得不好，今天上场前 PPT 又出现了问题，所以准备不充分……"你这样做，会把原本关注讲书内容的观众的注意力又拉到你个人身上。这完全没有必要，还会让听众感觉你在找借口，没有好好准备。

锦囊二：跳过去，往下讲。讲书是有节奏的，中间可以出现适当的停顿，听众并不会在意。但讲书人忘词停顿时间过长（三秒钟以上），听众就会发现。这时，整个场面突然冷下来，会很尴尬，听众也会走神甚至不耐烦。而你要做的，不是愣在那里，苦苦思索，硬要把下一句想起来，而是应该直接跳过去，继续往下讲。

说实话，我自己在现场讲书时经常忘词，但却很少被人看出来。道理很简单，因为除了我自己，台下观众并不知道我要讲的内容和顺序是什么。

忘词并不可怕，可怕的是忘词还被人看出来。忘词往往只是暂时的，或者只是忘了其中一小段，并不是忘记了所有内容。所以，万一忘词了，想不起来了，不要纠结，就讲你能想起来的内容。后面如果想起来了，回过头再补上。这对呈现效果的影响，并不会如你想象的那么大。

锦囊三：把话筒交给听众。周杰伦、周华健、陈奕迅被称为华语歌坛"忘词三天王"。他们在演唱会上处理忘词的方法，我们可以借用下，那就是把话筒交给观众，让观众参与进来，以“掩饰”自己忘词的事实。

当然，我们没法让现场听众替我们讲下面的内容，但我们可以跟听众互动一下。比如，你可以说“不知道大家是不是经历过我刚才说的那样的事情，有的话，请举手示意下……”或者，“我不知道你们对我刚才提到的观点看法，如果有，可以提问交流……”

利用与听众互动的时间，你可以去回忆要讲的内容。想起来后，马上继续下去。

锦囊四：“话术”衔接过渡。讲到一半忘词时，我们可以用一些衔接“话术”，帮自己争取时间，回忆接下来要讲的内容。

你可以停下来，把前面的内容做个总结回顾。比如，“朋友们，说到这里，让我们回顾下刚才提到的两点内容，分别是 XX 和 XX，接下来我要讲第三点了，那是……”

你也可以刻意把某句特别重要的话多重复几遍，加深听众的印象。你还可以插入一些“赘语”。比如说，“不知道大家对我刚才讲的内容是否清楚明白了……”

这些衔接过渡的办法可以拖延一点时间，好让自己去回忆要讲的内容。只要不是太明显，听众也不会觉得突兀。

锦囊五：重新启动。生理上的不适也会造成大脑“断片”。这时，你需要将自己像电脑一样，进行一个“重新启动”。讲到一半时你可以暂停一下，拿起杯子喝口水，补充点能量；或者改变下站姿，走动一下，调整下状态。

“重启”之后的你或许可以重新面对观众，接着讲书了。

由于紧张，现场讲书时还可能会出现口误。可别小看口误对讲书造成的影响。小的口误如同美玉上的小瑕疵。虽说瑕不掩瑜，但毕竟会影响观众的注意力，就像开车时遇到了减速带，“咯噔”一下，连贯性被打断了。大的口误会让观众对讲书的可信度大打折扣，甚至感觉压根不值得一听。一旦观众对讲书人丧失了信任，就算后面你讲得再好也于事无补。对于一次公众表达而言，这种口误简直就是一种灾难。

常见的口误有哪些

第一类是用词、语法的错误。比如，把一些信息说漏了，念了别字，用错了俗语，把人名张冠李戴了，等等。另一类是不符合事实的事理性错误。比如，说4月31日（4月没有31天），唐朝王安石（王安石是宋朝人），把埃及说成是亚洲的（埃及属于非洲），等等。

为什么会出现口误

第一，紧张。有些人嘴巴比脑子转得快，讲话往往脱口而出，就很容易说错话。第二，态度问题。事先准备不够充分，知识储备不扎实，态度不认真，对讲稿不熟悉，所以出现错误也就不足为奇了。

如何化解口误

避免口误最好的方式是预防。事先预防大于事后纠错。写稿的时候对一些例子、数据，要做好充分的调查和检查。上台前要做好准备，熟悉讲稿，多做练习，把出现口误的可能性降到最低。同时，在正式讲书时，那些平常语速较快的人要刻意放慢语速，想清楚了再说。

然而，即便你已经是老手了，并做好了充分的准备，还是有可能出现口误。当真的发生口误时，又该如何处理呢？这就要分情况来看。对于一些无伤大雅的小口误，策略是随它去，不要让这样的小问题影响到整个讲书的流畅性。一些观众根本无法分辨口误，你不需要停下来解释，直接过，往下走。

假设你提到“我小学同学张 XX 经历过一件事”，但这个人其实名字叫“王 XX”。当你意识到你说错人名的时候，需要停下来解释吗？不需要。因为别人并不知道你的小学同学到底是谁，这个信息在讲书要表达的内容中，其实一点都不重要，大家关心的是“这个人”身上发生了什么事情，而不是这件事发生在谁身上。不过，如果台下的听众就是你的小学同学，这种情况就要除外。

再比如，你把故事中的日期说错了。只要不是说错某个众所周知的重要日子这样的硬伤，其实都不是大问题。这时候，你要做的不是去解释。因为你越解释越乱，越会产生干扰。处理原则应该是：这是个口误，但不重要，让我们继续往下走。这样观众就会聚焦在你讲述的内容上，而不是在口误上。

对于一些会产生一定不良后果的口误该如何处理呢？这里有三个可用的小技巧。

第一种，自嘲。通过适当陈述当下的紧张状态，来缓解自己的尴尬。或是提前预备一个笑话，用幽默的方式打个圆场。脸皮厚一点，你甚至可以跟观众要掌声，博得“同情”。你可以说：“我在后台候场时，工作人员一直让我别紧张，可越是这样，我越是紧张。刚才上场做自我介绍时，我差点说成‘大家好，我叫不紧张’。”你也可以说：“我现在很紧张，嘴巴仿佛不受自己控制，刚才就不小心说错了话。可以的话，希望大家给点掌声鼓励鼓励我。”

主动暴露自己的缺点和状态，展示自己的脆弱，反而可以拉近与观众之间的距离，让自己更放松自然地进入到接下来的呈现中。

第二种，诡辩。这里的“诡辩”是个中性词，意思就是把无意中说错的东西变成好像是你故意说错的，把话圆回来。例如，还有两个月就要高考了，结果你说成了“大家还有一个月就要高考了”，把时间搞错了。当你意识到自己说错了，怎么办呢？你可以“辩解”说：“同学们，其实我是故意把两个月说成一个月的，因为我希望大家能够意识到高考时间的紧迫性，真正感受到时不我待，抓紧当下的每分每秒……”

第三种，反问 + 否定。在表达中出现语义完全弄反了的口误时，可以使用这招。假如我们在说“男性思维偏向于理性思考，女性思维则偏向于感性思考”这个观点时，不小心说反了，说成了“男性偏向于感性思维，女性则偏向于理性思维”。当你发觉时，为时已晚。你可以紧接着发问，并自问自答：“刚才这种说法对吗？显然是不对的。”然后，赶紧再把正确的说法说一遍。

总之，这三种技巧都还是停留在“术”的层面，还有些许“狡辩，为自己开脱”的嫌疑，显得不那么真诚。其实，处理口误最好的方法是，诚恳地承认自己的口误，对于一些严重的错误还要进行道歉。比如，把某些重要数据、重要人名或头衔说错了，把某次事故的死亡人数从“10 人”说成了“100 人”，把某位国家领导人的名字说错了，把“总理”说成了

“总统”，等等，这些都是非常严重的原则性错误，必须要诚恳地向观众道歉。

2015 年 12 月 20 日，第 64 届环球小姐选美决赛在美国拉斯维加斯举行。主持人哈维看错了获奖名单，宣布比赛冠军由哥伦比亚佳丽夺得。之后，上届环球小姐为她戴上了后冠，她带着美丽的笑容站到台前，接受观众的欢呼和祝贺。突然，哈维一脸尴尬，慢慢地走到她身边，宣布自己犯了大错，看错了得奖名单，他是这么说的：“各位，我要道歉。哥伦比亚小姐是亚军，冠军是菲律宾小姐。”原来本届环球小姐冠军应该是菲律宾佳丽，哥伦比亚佳丽被迫当众摘下了后冠。

事后，哈维在自己的 Twitter 上发文说：“首先，我向哥伦比亚小姐和菲律宾小姐道歉，我犯了一个巨大的错误。其次，我要向观众们说对不起，我确实犯了一个错误。”哈维可以说犯下了一个极为严重的国际性错误，但他并没有去辩解为什么出错，比如解释说是“工作人员给错了信封”或是“字体印刷太小，容易看错”等，他只是非常诚恳地向大家认错，仅此而已，甚至都没有请求大家的原谅。

结果你猜怎么着？哈维的职业生涯并没有因此中断，他反而因为自己表现出的认真、负责、敢于承担责任的态度，后来获得了越来越多的主持机会，身价还因此提升了。由此可见，当出现重大口误时，不要解释原因，应该去展示你的态度，坦诚承认并致歉即可。

纠正口误是可以练习的。你在讲书的排练环节，“出错”也很正常。但是，这时你不要停下来，要把握这个机会，练习处理方式。多练几次，你会发现自己对口误不再恐惧了，能够达到行云流水，应付自如的程度。

画龙点睛的舞台呈现

在线下场所，讲书人的舞台呈现与讲的内容同样重要。好的舞台呈现起到了画龙点睛的作用，甚至更甚于此。

我自己曾经有过这样一次经历。讲书人沈迎春讲的书是一本政治学书籍《正义论》。讲这本书的难度不小，他的讲稿已经改了第六遍，看上去已经很接地气了。但离开场不到 48 小时的时候，几位陪练老师听了他的讲书后，仍然表示听不进去。怎么办呢？到底是内容的问题，还是表达的问题呢？

这时，我急中生智，拿起讲稿，躲在房间里，用我自己的语言风格，录了一遍音。然后，我们再找人来听，结果大家反馈还不错。这下我放心了，起码说明稿子没问题。接下来的重点，就是要提升讲书人本人的表达呈现了。我赶紧找来这位讲书人，花了一个下午的时间，逐字逐句地打磨，告诉他该怎么讲会更有感染力。他本人也开始拼命练习。最终，两天之后，一篇精彩的《正义论》讲书作品在 400 人的剧场上呈现，获得了全场雷鸣般的掌声。

这件事也让我开始反思，为什么同样的内容，让不同的人去讲，效果会完全不同？为什么仅仅是表达呈现的改变就会导致前后出现如此之大的反差呢？其实，这也不难理解。人的大脑中感性的部分占了一大半，在接收信息时，需要更多的刺激。乏味、单调、平淡的分享，会让人昏昏欲睡；而有层次、有节奏、有情感的表达，无疑是让人精神一振的兴奋剂。

讲书成功的两个维度

延伸开来，讲书内容与表达呈现是决定讲书成功与否的两个重要维度。讲的内容要有清晰明确的观点，表达呈现要有力量。一个好的讲书作品应该既有力量，又有观点。我们可以做这样一个四象限表格（参见图 6–1）。

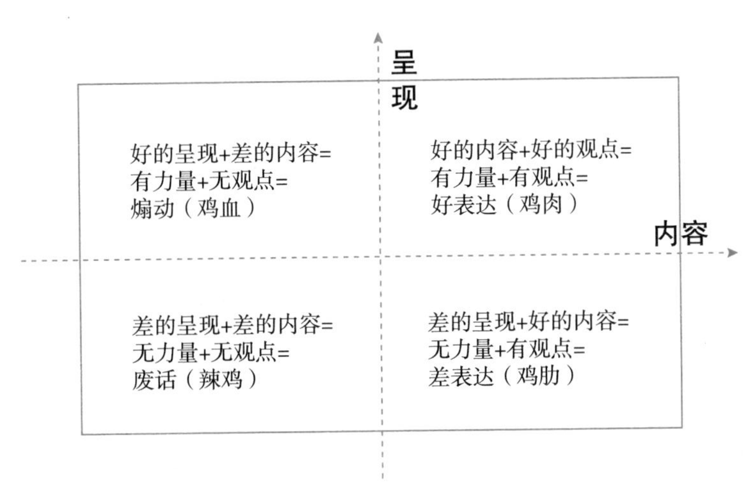

图 6–1 讲书的两个维度：内容与呈现

舞台呈现包括但不限于讲书人的音量、音调、语速、语气、节奏、停顿、赘词、表情、眼神、站姿、手势、移动等，下面我们一一讲解。

声音表达

声音表达包括音量、音调、语速、语气、节奏、停顿、赘词等。英国喜剧演员罗万 · 阿特金森（“憨豆先生”的扮演者）做过一次演讲。他扮演校长，朗读了一份男生的名单。特别有意思的是，他读的是正常的人名，表现出来却是一会儿慵懒，一会儿讽刺，一会儿威严，产生了不同的效果。之所以如此，不是因为他所讲的内容，而是因为他讲话的方式。

想想也是，就算你可以一字不差地讲一个相声段子，效果肯定也不如郭德纲讲得好。差别就在于对声音的运用，包括音量、音调、语速、语气、节奏、停顿等。这几个因素就好比一台调音设备上的参数，讲书人就像一个调音师，做好了控制和协调，就能为呈现的效果大大增色。声音的呈现是和讲书场景、面对的人群及个人风格息息相关的。

首先，在人数多、场面大的会场，你要适当提高音量，放慢语速，要偏激情一点。如果场合比较小，你就要降低音量，让语言更紧凑，语气更轻松自然。

其次，面对不同的人群，也要做相应的调整。比如，台下坐着的是年长的听众时，你就要放慢语速和节奏，更有耐心一点。

最后，每个讲书人的性格不同，语气风格也会大相径庭。或坚定、或温柔、或谦逊、或低沉，这都会对听众的情绪造成不同的影响。关键是，讲书人需要做到真诚，不刻意，“做自己”就可以了。

关于讲书中声音的运用，最重要的是什么？答案是让声音富有变化。如果台上讲话的那个人的音调、音量、语速、节奏始终单调如一，没有变化，很快就会让人厌倦走神。

怎样让声音丰富多变，富有感染力

声音要积极，句尾要上扬。如果讲的每句话结尾音调都是下降趋势的或草草收尾，听上去就会给人一种萎靡不振、头重脚轻的感觉。你应该在一句话的结尾用一个上扬的声调，这样会显得更加积极。

声音要坚定，要充满能量。音量未必要很大，但态度要坚定，显得充满了能量和活力。当你站在台上，讲着自己最熟悉的话题时，你就是这个舞台的“主人”。你要充分表现出自信，听众也会更相信你所讲的。

声音要悦耳，要能吸引听众。要将声音变得柔和、好听，就要摆脱单调、沉闷的腔调，将你的句子的轻重、快慢、连停做一些变化。讲书时的声音表达应该是抑扬顿挫、有节奏、有停顿的。该快的地方要快，该慢的地方要慢，声情并茂才能够打动听众。

一般人都以为自己的声音是天生的，没有办法改变，其实并不是这样的。例如，美国通用公司的前 CEO 杰克 · 韦尔奇年轻时患有严重的口吃，后来他通过不懈的努力，成了演讲大师。

由此可见，尽管我们的发音器官有天赋因素，但也可以通过后天的努力，让声音变得更加漂亮。

声音的练习

接下来，我们就来学习几种声音的练习方法。

让声音更洪亮。声音不洪亮的一个原因是底气不足。最好的提升方法就是加强小腹和隔膜的力量，向远处连续均匀坚实地发出“嘿、嘿、嘿”的声音。声音不洪亮的另一个原因是口腔开得太小，唇舌无力。你可以做“咬苹果”的练习，想象在你面前有一个大苹果，你要尽量大地张开嘴巴，把整个苹果吞下去。反复练习张嘴的动作，对于提高声音的响亮度和清晰度是非常明显的。

让声音更有穿透力。无论现场有多少听众，你都需要做到让你的声音传达到离自己最远的那一排听众，让所有人都能集中注意力。这时，讲话就不仅仅是靠喉咙发声了，而是要让身体的每一个器官都参与其中，全身心地去讲。

这里，我教大家的是很多专业歌手和演员训练时都做的腹式呼吸法。简单地讲，当你吸气的时候，让肚子凸出来，让胸部往里缩，这样能够增加膈肌的活动范围和肺活量。每天花 20 分钟的时间去训练，时间一久，你就会发现自己可以控制丹田去发音，并不需要提高嗓门，也能做到声音具有穿透力，而且还不累。

只要我们愿意坚持运用正确的方法，就可以改变我们的声音。刻意练习，练习到不用刻意去做也能做好。我们完全掌控自己的声音，打造表达感染力。另外，声音的呈现对于表达的成功是很重要的。如果听众只能听到声音而看不到人，那么这个人 80% 以上的说服力是由声音的变化程度和热情所承载的。

你的声音会反映出你的精神状态。最好的声音状态就是充满了热情，听众的耳朵非常敏锐，你是否真的热情，他们一听就能听出来。

声音的现场技巧

还有三个方法可以让你的声音在讲书的现场变得更清晰，更权威，更有力。

第一，停顿。当你讲完很重要的话时，可以停顿一下，扫视一下听众再继续讲。停顿可以吸引听众的注意力，一方面有助于讲书人思考，一方面有助于听众吸收回味听到的内容。

第二，在某个重点的地方降低而不是提高你的音量。当你刻意小声说话时，听众反而会集中注意力去听，不信你试试。

第三，你在说话的时候，刻意让声音缓慢一点，深沉一点，这样会显得你很有力量。

赘词问题

有些人在平常讲话时不免会夹带很多赘词，类似嗯、呃、但是、那个、然后、其实、对吧等词。说得少还不太要紧，说得多了就会严重“拉扯”听众的注意力。例如，我上小学时，曾经有位老师就一直有说口头禅“然后”的习惯。上课时，调皮的我们就一直在数这位老师说了多少个“然后”，完全忘记了听课。

平常交流时，这个问题还不大。如果在正式的场合，你的呈现效果就会大打折扣。严重的话，个人形象也会受到影响。

然而，你自己往往察觉不到赘词，要解决这个问题，首先要意识到自己的这个小毛病。我的第一个建议就是把自己的讲书视频录下来回看，知“赘词”而“后改”。第二个方法是，在平常发微信给别人的时候，不要打字，也不要发语音，而是使用“语音转文字”的功能。当语音被转成文字后，你就会发现你的口头禅有多么频繁。当然，你也许还会发现自己讲话有多啰唆。

当你意识到了自己的赘词问题后，讲话时就应该刻意讲慢一点，多些停顿，没有想好的话，可以等一下再讲。只要多多练习，你就能有所改进。

肢体运用：表情、眼神、站姿、手势、移动

舞台上的呈现的确有些“套路”，比如，肢体动作、面部表情、移动站位，等等。通常，东方人一般比较含蓄，肢体运用可能不如西方人那么丰富。如果我们一味刻意模仿，生搬硬套，反而会有“东施效颦”的感觉。真诚地讲故事，全身心地投入其中，展示自我，哪怕是脆弱与挫折，也一定会深深地打动人。对于讲书人的肢体运用原则就是：真诚、自然、与讲的内容匹配。

面部表情

讲书人应该保持适当的微笑，看上去有活力、有精神、很自信。表情可以随着表达的内容有所变化，但要和信息承载的情感是一致的。如果你讲的是一个关于诚实的话题，那么你的表情就不应该是嬉皮笑脸的。

目光接触

舞台上的讲书人要做到尽量给予每一个人关注，不要抬头看天花板，或是低头看地板。眼神应该是温柔而坚定的。直视观众时，不要盯着一个人时间太长，这会让对方有点尴尬。合适的时间大约是 3～5 秒。

如果扫视听众的速度太快，就像蜻蜓点水一般，也会让人觉得不舒服。好的眼神交流，就像舞台上的人在对着每一个人讲话，让每一位听众都感受到自己被重视了。

手的姿势

在传递信息时，手部的动作是可以帮助听众理解的。比如，形容一样

东西很大、很小、点赞、指挥、发誓，等等。

很多人反映站在舞台上就不知道手该怎么放了，感觉怎么放都很别扭。如果是这种情况，那你可以一手拿一只话筒，另一只手自然下垂就好。当然，你也可以两只手拿话筒。

手势或多或少因人而异，不要过于刻意。一般来讲，男生的手部动作在腰部以上，开放的手势意味着真诚、安全，幅度较大的动作也显得大气。女生的手势可以小一点，甚至没有都可以，只要自然下垂，置于身前就好。

还有一些姿势是应该尽量避免的，比如，把手背在背后，手放在裤兜里，胳膊交叉放在胸前，双手不停地摩挲。这些情况都表示你缺乏安全感和感到紧张。如果你发现自己有这样的动作，一定要纠正。

站姿

一个人站在舞台上，就代表了个人的形象，不管是男生还是女生，都要保持一个稳重的站姿。正确的做法是把身体的重量平衡地放在两条腿上，两肩放松，挺胸收腹。身体不要晃来晃去，不要塌腰驼背，不要显得无精打采的。

移动

如果舞台够大，那你可以适当地来回走动，更轻松自如地和听众互动交流。但是注意不要漫无目的地在舞台上走来走去。太多的移动会让听众看得头昏眼花。你还可以用身体的移动来暗示不同内容段落，最后不要忘记结束时要回到最初站立的位置，向观众致谢。

不容忽视的现场细节

在登上舞台正式开讲之前，你应该有一份检查清单，确保一些至关重要的现场细节不会“掉链子”。

讲台

讲台有展示权威或力量的作用，通常使用的场景有教师上课、校长在毕业典礼上发言、国家领导人发言等。而讲书人在舞台上是为了分享好书，走进听众的内心。讲台会在你和听众之间形成一个阻碍，显得有距离感，所以不建议使用。如果现场已经摆放了讲台，建议你从讲台后面走出来，走向你的观众，让自己的身体完全暴露在所有人的视野里，开放、真诚地去沟通、交流。

话筒、耳麦

如果条件具备，可以在舞台上使用话筒或者耳麦，你可以根据现场情况来决定。如果你是一个老练的讲书人，希望在舞台上展示更多的肢体动作，需要双手配合，那么耳麦比较适合你。不过，需要提醒的是，佩戴耳麦相对比较麻烦，需要在上场前请工作人员帮你配置好。你还要注意，在上场后，不要让耳麦的线影响你的动作。

相对而言，使用手持话筒就比较友好。从音响效果来讲，话筒也比耳麦好一些（专业的高清耳麦除外）。使用话筒时要注意，话筒不要离嘴巴太近，因为会出现“喷麦”（话筒被嘴里喷出来的气弄得扑扑响，影响声音效果）的情况，而且会把你的脸给遮挡住；也不要离嘴巴太远，这样会减弱扩音的效果，导致观众听不清。使用话筒当然也会限制你的手部动作。有的讲书人一手拿话筒，一手拿一本书，那么基本上就没有其他手势可以做了。

讲书时的活动区域

一般来讲，主办方会提前告诉你在舞台上站立的位置。如果没有，你应该站在舞台的右前侧黄金分割点的位置，从观众的视角看过去，你就是站在他们的左边位置（参见图 6–2）。

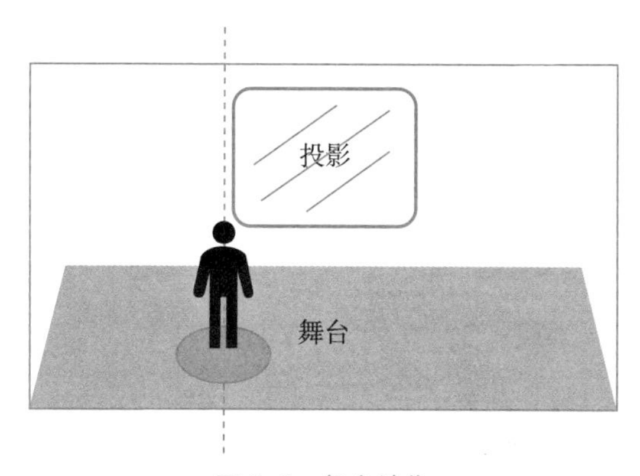

图 6–2　舞台站位

为什么需要你站在观众视角的左手位呢？这里有一个很有意思的说法，从戏剧到电影，有一条不成文的规则，即“好人”通常是从舞台或屏幕的左边进入观众视野的，“坏人”则刚好相反。一般而言，表演者是从舞台的左边上场、从右边下场的。

在类似 TED 的舞台上，通常主办方会在舞台上放置一块圆形地毯

（一般是红色的），要求讲书人讲书时就在圆形区域内活动，尽量不要走出这个区域。这样，灯光也会有相应的聚焦范围。

观众座位分布及 VIP 位置

根据场地大小、形状、布局的不同，观众座位也会有所不同。剧场里，通常是传统的“排排坐”；在沙龙空间，通常是圆桌散点分布式，显得更轻松。作为台上的讲书人，一定要关注到台下的每个角落、每个人，尤其是坐在 VIP 位置的观众，因为他们是“关键人物”。

讲书主要是一对多的单向沟通（可能偶尔会有互动），你可以要求观众们坐得更紧凑一些。除非你要刻意营造“距离感”，我建议你可以更靠近你的观众，甚至走到他们中间，这样显得更亲切。

灯光

在剧场场景里，为了让听众更聚焦在舞台上的展现，我通常会建议把现场的灯光调暗，用一束光打在讲书人的身上。如果是使用追光灯，那对于台上的讲书人是一个考验。因为追光灯功率很大，灯光很刺眼，会影响讲书人的视线，导致讲书人可能根本看不见台下的观众。这样一来，当然也就没有办法做眼神上的交流了。如果是这种情况，那讲书人不要慌，反而更应该“逆光而视”，让观众感受到自己是被看见的，是被注视的。

当然，更多的场合是使用顶光源，一道光自上而下，这样就不会影响讲书人的视线了。

音响设备，空调控制

无论是声音还是温度，现场的环境对观众和讲书人都很重要。提前彩排时一定要确保音响设备是好的，没有杂音、啸叫、回声；同时，环境温度也要调节适当，不要过热或过冷。在舒适的环境下，观众才能更专心地倾听舞台上的分享。

翻页笔（激光笔）

如果讲书人需要使用 PPT 翻页，在过程中要尽量避免频繁地把侧面和背部对着观众。要做到这一点，要么现场有一块屏幕在你的前方，你可以自己翻页；要么你安排助手在后台帮你翻页。

如果是自己翻页，那翻页笔一定要保持有电的状态，提前试试上下翻页是否顺畅，会不会因为距离太远而接收不到信号，等等。还有，一定要提前搞清楚翻页笔上每个按钮的功能。市面上的翻页笔很多，设计又不统一，我经常看到有人在翻页时把“向前翻”和“向后翻”搞错，把“翻页”和“激光指示”搞错，结果弄得手忙脚乱，尴尬不已。

使用激光指示功能时，可以用来指示、画圈或划下划线。切记，不要打开激光功能指向观众，这是很不礼貌的；也不要一直长按，分散观众的注意力。

电脑、投影设备及 PPT

使用电脑和投影设备的要点：一是提前测试，二是一定要有备用方案。提前测试是非常必要的，以免临时发生意外，无法正常显示。同时，你还要配合灯光看看明暗度，看看分辨率和尺寸，多腾出一些时间来调整。

就算提前测试调整好了，也并不是万无一失的。投影仪坏了，连接到一半掉线了的小概率事件仍会时有发生。最好的办法就是提前做好备用方案，多备一台电脑或投影仪，以防万一。

始终牢记 PPT 不是必要的，它的作用是辅助讲书人的表达，而不要把它变成喧宾夺主的东西。如果要使用 PPT，上面的页数和文字应该尽量少放。我个人喜欢极简风格、统一的文字颜色、重点突出的内容，以及引人入胜的图片。考虑到不同电脑上有不同 PPT 播放版本的问题，你可以事先把 PPT 转换成图片格式使用。

服装穿着

讲书时，要注意自己的着装得体，并从以下几方面来考虑。

- 穿搭目标。讲书人是来与观众产生深度联结的，而不是成为现场最亮眼的。
- 考虑环境。服装颜色要与背景色区分开来，避免融入背景中。如果屏幕背景是黑色的，就不要穿深色衣服，以免远远看过去，感觉只有一个脑袋。
- 考虑观众。为尊重观众，建议以正式或文艺着装为主，不要有卡通等太休闲的元素。
- 考虑讲书主题。比如讲历史题材，可以采用古风装扮，但也要与环境协调，不要太夺目。

- 颜色材质。不要穿反光面料、真丝面料，不要穿颜色过于亮丽的衣服，比如大红、大紫色。不要穿蕾丝类服装，不要穿过于宽松的衣服。着装要修身，否则不雅观。不要穿平常不熟悉、不习惯的服装、鞋子，否则在现场会不自然。

现场讲书训练指南
1 讲书注意避免的三个坑
知识诅咒；
情绪自嗨；
贪多嚼不烂。
2 练习现场讲书的四步法
对墙练；
对镜子练；
对镜头练；
对人练。
3 克服上台紧张的四个妙招
理解紧张、接受紧张，与它做朋友；
生理上：上台前，深呼吸；
心理上：适当忽视台下负面情绪，在听众中找到自己人；
终极秘诀：将你的讲书稿准备得滚瓜烂熟，形成"肌肉记忆"。
4 画龙点睛的舞台呈现
舞台呈现，包括但不限于讲书人的音量、音调、语速、语气、节奏、停顿、赘词、表情、眼神、站姿、手势、移动，等等。
5 不容忽视的现场细节
话筒、耳麦；
活动区域；
观众座位分布及VIP位置；
灯光；
音响设备、空调控制；
翻页笔；
电脑、投影设备及PPT；
服装穿着；
…………
——视觉笔记：一伊

07

讲书的维度

在这一章中，我将讲解一些不同类型、场景、时长的讲书应该怎么呈现以及不同性格特征的讲书人应该怎样打造属于自己的讲书风格。最后，我还会专门谈一谈怎么在视频直播中讲书。

不同类型的书怎么讲

目前，互联网上有大量的听书栏目，各家选书的种类与讲书的风格都不尽相同，各有千秋。在谈针对不同书采用不同的讲书方法之前，我们先聊聊阅读的类型。

阅读的类型

郝明义先生在《越读者》这本书中，把阅读比喻成饮食。人们的饮食种类大概可以分为主食、美食、果蔬和甜点；而阅读的种类也可以相对应地分为：生存需求的阅读、思想需求的阅读、工具需求的阅读和休闲需求的阅读。

生存需求的阅读

这种阅读也被称为主食阅读，就像吃米饭、面条、馒头可以让我们填饱肚子，满足我们基本的生存需求。这类阅读是为了解决工作、生活、生理、心理等方面的现实问题。一般来讲，教科书、专业书，还有一些提供方法论的书，比如讲如何提升自我的书籍等，大多都属于这一类。例如，对于律师而言，读法律专业书籍就是生存需求的阅读；对于医生而言，读医学研究资料也是生存需求的阅读。

思想需求的阅读

这种阅读也被称为美食阅读。当人们能够满足基本的温饱时，当然还会去追求更美味、更精致的食物。这类阅读未必会给你什么具体的方法，但它们可以帮你思考问题和了解现象的本质，让你体会到人类生命深处的共鸣、思想深处的结晶。当然，这类书籍也需要读者有较高的阅读品味。比如，像哲学、宗教、历史、艺术这类经典书籍，通常是满足高层次精神需求的阅读。

工具需求的阅读

这种阅读也被称为蔬果阅读。蔬菜和水果可以提供纤维，帮助消化。这类阅读就是能帮助你理解、消化其他书籍的阅读。比如，你在找资料、查信息的时候，翻看的字典、辞海、百科全书，等等。

休闲需求的阅读

这种阅读也被称为甜食阅读。吃甜点不是为了吃饱，也不是为了营养，而是因为它好吃，口感好。这类阅读主要提供休闲娱乐，并不能解决现实问题，也不需要满足思想需求。读者阅读的主要是文学类作品，比如某些流行的网络文学、玄幻小说等。这些作品更适合休闲时间用来消遣，就如同“餐后甜点”。

不同阅读类型的书，该怎么讲

我们也可以按这四类阅读类型来讲书。

主食阅读：以致用类、个人成长管理类书籍为主。

十六字口诀：干货为主，展示精华，辅以故事，精准传递。

这类书籍的目的性很强，一般都会输出很多干货。讲书人可以选择性介绍其中的理论与方法，通过书中的故事及论证过程，将作者要表达的核心观点与理念传递给听众。讲书人可以把书中的内容“切碎了”，把精华展示出来。像《如何高效阅读》这本书有三条最有价值的方法，讲书人可以通过案例分享给大家，让大家明白后可以学以致用，获得进步。

讲的时候要联系实际，先提出一个问题或痛点，给出原因或原理，再给出具体的解决方法。比如讲《自控力》这本书时，要清楚面对读者痛点：很多人缺乏自控力，总是改不了坏习惯。书中有三个获得自控力的方法：（1）通过失控日记和冥想，来增加觉知；（2）定制你的意志力加油站；（3）科学饮食＋锻炼。

这时，讲书人就像一个教练，要引导大家去消化知识，学习成长。

美食阅读：以历史、社科、人文、哲学、传记、艺术、科普类图书为主。

十六字口诀：启发为主，轻松简单，语言通俗，贯穿故事。

此类书籍通常比较有深度，需要花时间精读。如果要分享给普通大众，应该把专业术语“翻译”成人人都能听得懂的大白话。用通俗易懂的语言、轻松简单的方式，辅以一些故事和分析，发掘和联系与听众相关的现实意义，将书中的观点和知识深入浅出地分享出去。要表达出这样的内容：这些历史 / 现象的背后，其实都有一个 XXX 的原因 / 规律，它带给我们的思考 / 启发是 XXX。

如果要讲《万历十五年》或《论语》这样的书，就不要滔滔不绝地讲书中的大道理，一定要把故事融入讲书中去。讲书人可以通过讲故事，缓缓展开分析，由浅入深，结合自己的感悟，呈现作者的思想。

这时，讲书人就像一个好老师，把书中的精华传递出去，传道、授业、解惑。

果蔬阅读：以生活、旅行、金融理财、商业经济、心理学类图书为主。

十六字口诀：扫盲为主，结合故事，突出重点，呈现结果。

从原则上讲，字典或专业工具书才算“果蔬阅读”，但此类书被拿来分享的可能性不大。所以，我把一些生活（如何种花草、如何装饰自己的家）、旅行（旅游指南）、金融（如何投资理财）类书籍列为“工具需求的阅读”。

把工具书的内容一条条展示出来是完全没有必要的。讲书人的任务是帮大家扫盲，最好还能结合自己的故事，把自己最想表达的重点传递出来。比如，如果讲《孤独星球》（一系列旅行指南），就需要向大家介绍下这本书的优势，以及如何使用，再结合发生在自己身上的故事去感染听众。这时的讲书人就像一个推销员，要将一个好的产品推荐给用户。

甜点阅读：以文学、散文、随笔、杂记、小说、绘本、生活类图书为主。

十六字口诀：不要复述，抓住细节，以小见大，出人意料。

阅读此类图书的目的或是陶冶情操，或是消磨时光。不过，讲书人并不是要做“复读机”。尤其是小说，提前知道重要情节或结局，就好像看电影前被剧透，看球赛被告知结果一样，会让人反感。你可以介绍一下这是一本关于什么内容的书，通过“以小见大”的手法，把其中你自己最有感觉的片段拿出来分享。

如果你要分享《解忧杂货店》这样的小说，千万不要试图在很短的时间里把那么复杂的情节和人物关系讲清楚，没看过书的听众一定是一头雾水。即便讲清楚了，听众也不会感激你。抛开情节，你可以从一个很小的角度（人物）切入，去分享最打动你的小细节，并讲讲你的感受，引发共鸣。

如果讲的是一本大家熟知的经典书籍，你就要讲出超越常人原本认知的内容，类似："这个故事大家原以为是……其实是……；或者，从……细节 / 人物，我们可以看出不为人知的……"这时的讲书人就像一个导游，把听众带入一个具体的场景里，给他们介绍沿途的风景，引导他们自己去欣赏。

这里给出了不同类型讲书的一些建议。然而，同一本书，不同的人讲，由于角度不同，就会呈现五花八门的效果。这也是为什么"讲书"很难有固定的套路，当然这同样也是"讲书"的魅力所在。

试想一下，如果一群人说同一本书，那是多么有趣、有意义的场景。大家从不同的角度出发，各种思维发生碰撞，产生火花，听书人与讲书人都能有所收获，岂不妙哉?

怎样讲反传统观念的书

我还常常被一些书友问到一个问题：如何讲一本反传统观念的书？这么问的原因在于，讲书人担心听众难以接受这类书的观点，讲出来会被别人驳斥。

首先，既然你选择讲这本书，一定是认可这些观点，并想把它们介绍给听众。如果你的想法是好的，就不要太担心别人的看法，反正你也无法左右听众的想法。

其次，你要确保你的解读确实是忠于作者的原意，而没有以偏概全、断章取义。

最后，就是该怎么讲了。如果你带着试图“说服”听众的心态去讲这本书，那就可能会引起反感，讲起来当然比较难。记住，我们讲书时，最好是带着送礼物的心态，去展示书中的观点，而不是强加于人。

讲书人曹欧在准备分享《母爱的羁绊》这本书前就非常焦虑，因为书里提到的是关于自恋型母亲对女儿的伤害这样的观点。这显然和我们一贯以来提倡的“伟大的母爱”是背道而驰的。在试讲的时候，有一位陪练、帮助打磨的朋友听了一半就听不下去了，打断了她的试讲，并站起来大声反驳。这使得第二天就要在 500 人剧场里讲书的曹欧感到压力巨大。

后来，经过讨论、打磨，我决定干脆在一开始就给听众打个预防针，并且明确书中观点的边界，降低听众的抵抗情绪。最后，我们设计的开头是这样的：

> 今天我分享的这本书可能会让你感到有一点不适，因为书中的一些理念是颠覆性的。同时，书中的视角是非常窄的，它只关注到了妈妈和女儿。但我仍然坚持分享这本书，因为我希望有更多的人可以看到妈妈和女儿之间的关系，除了爱，还有很多冲突、矛盾以及伤害。这些都是不容忽视的。

当你把自己放在第三者的角度，持客观中立的态度去分享观点，引发听众的思考时，心理压力就小多了。万一你还是担心，那可以补上这么一句："刚才提到的是作者的观点，仅供大家参考。"把"锅"甩给作者，总不用担心了吧?

进一步讲，当书中的反传统观点与一般人的认知相悖时，如果能利用好，也许更能给听众带来思想上的冲击和启发，对听众的价值可能也会更大。

不同场景的讲书

在本书开头我们就了解到，讲书的场景有很多，有线上的：音频、视频等；有线下的：中小型读书会、大型 TED 式讲书等。

音频

艾瑞数据显示，预计到 2023 年，中国在线音频用户规模将超过 9 亿。随着"耳朵经济"的兴起，通过移动互联网听书（比如喜马拉雅、微信读书等平台），已经成为很多人在上下班路上、排队等待时必不可少的动作。即便有些听书栏目是有视频的，大家还是会选择收听音频，因为更方便。

音频作品和图文、视频不同，听众只能用耳朵接收信息，而且多数情况下也只会听一遍，这对播讲者的要求就比较高了。除了内容要好，播讲者的声音呈现也要足够吸引人。

当然，你可以花钱请个专业主播去读你的讲稿，但是只要你没有严重的口音问题，我更建议你自己演绎。因为你对自己的稿子更熟悉，播讲起来也会更亲切、自然。听众需要的未必是一个专业的、带着播音腔的作品。一个走心的、有个人风格的声音可能会更吸引人。

短视频

随着 5G 时代的到来，越来越多的用户会在抖音、快手、小红书、视频号等平台上寻找书籍推荐类内容。基于此，近些年来，越来越多的读书博主转战短视频平台，做好书推荐。

短视频讲书的最大特点就是：短，通常只有 3～5 分钟，甚至只有 1 分钟。用户利用碎片化时间观看这些视频，他们没有耐心听完一本书的完整解读。同时，用户的期待反而更高，如果在开头几秒内无法吸引他，他就会放弃看下去。

面对短视频的特点和用户的高期待，要用这么短的时间讲好一本书是很不容易的，我总结了短视频讲书的三个原则，分别是：痛点、爽点、知识点。也就是说，500～800 字的讲书稿要紧紧围绕着用户而来，给他一个舍不得错过你的视频的理由。所以，要么你讲的内容让他很“痛”，要么让他很“爽”，要么让他有所收获。这三个原则说起来容易，要做到其实挺难的，这就需要你把自己切换到用户的角度审视你所讲的内容。然后，不断打磨稿子，做到字字珠玑，修改到一个字都不能改为止。

除了内容，你在手机镜头前的呈现也很重要。我有很多优秀的培训师朋友，他们在线下讲课时非常从容，可是一旦面对镜头就很不适应，表现得逊色不少。在镜头前的演绎也是需要找感觉、常练习的。

关于录制短视频，对于普通人而言，硬件方面有手机、支架、耳麦、话筒就差不多了。要求高一点的，可以再准备一个补光灯和一块背景布。软件方面，除了要有一篇经过打磨的讲书稿，还要有一些辅助软件，比如提词、美颜和剪辑工具。这些工具 App 在网上都有，找到适合自己的就行。

对于视频录制的几点建议

当你面对镜头不自然的时候，不妨就把镜头想象成一个好朋友的眼睛，你在看着他的眼睛讲话，在与他交流。

手里要不要拿书或其他道具？这个要看情况。这些都是辅助你表现的，如果你感觉手里空着很别扭，不妨拿着书，但不要一直翻动，以免喧宾夺主。

视频尽量不使用剪切拼接。有时候，稿子很难背下来，新手讲起来会很有挫败感，于是背一段，暂停一下，再背另一段，最后剪辑到一起。这样编辑出来的视频会有剪切的痕迹，观感会大打折扣。

录制背景环境要注意什么？第一，隔音要好，要安静。第二，录制背景要干净整洁，不要杂乱。很多人会选择把书架当作背景，很有感觉。没有的话，也可以买一块背景画布替代。

背稿子总是卡壳，背不出来，怎么办？不要背稿，要去讲出来。实在不行，可以用提词软件辅助，但是也要尽量找到讲的感觉，而不要一板一眼地读稿。

其他注意事项。用横屏还是竖屏录制，取决于发布的平台，但建议一般用横屏拍摄。你在镜头前可以有动作，但幅度不要太大。一般讲书是在固定位子，不要走动，半身出镜，眼睛要平视，身体居中，头部上方留有一定的空间。

中小型读书会

读书会是许多爱书人在线下面对面交流的形式。读书会少则三五人，多则几十人，大家相聚在书店、咖啡馆，分享从书中汲取的知识与力量，在彼此交流中产生思想的碰撞。我组织和参与过的读书会有上千场，不得不说，这是体验感最好的阅读分享方式之一。

一般这样的读书会时长在一个半小时到三个小时之间，形式也是各种各样的。有的是一个分享嘉宾（专家或作者）的专场讲座，有的是三五个书友分别讲书，还有的由专业领读人领读，然后大家相互讨论。整体讲，线下读书会交流的氛围都非常不错。

如果你想锻炼自己的表达能力，结交同样爱书的朋友，那推荐你找到所在城市的读书会，主动报名参与讲书。每次分享时长建议控制在 8～18 分钟，你可以提前准备 PPT，分享时多与现场书友做些互动，结束后再安排一个答疑交流。你自己的收获一定也很大。

大型 TED 式讲书

2015 年，我在我所在的城市创办了一个大型的读书活动，叫“书音”。这个活动的宣传口号是“听见，书的声音”。这是参照国外的 TED 演讲以及国内的“一席”这样的演讲平台做的一个阅读类分享品牌。每一期活动会租用一个几百人的剧场，用半天的时间，邀请 6～8 名优秀讲书人，以每人不超过 18 分钟演讲的形式，向现场观众呈现一本好书。这种大会的呈现要求比较高，传播效果也非常好。

TED 式的讲书时间不长不短，摒弃了所有主题之外的寒暄与客套，给听众们带来了一场“终极头脑桑拿”。为了保证讲书呈现的质量，所有的讲书稿和现场细节都提前经过了严格的筛选和精心的打磨。同时，在表现形式上也植入多种元素，比如视频、道具、音乐、舞蹈、朗诵等，让现场的舞台更加丰满、立体。这种新颖、走心的形式颇受大家的好评。

组织这样一场活动并不容易，对于讲书人来说也极具挑战性，因为要面对台下几百位买了门票的陌生观众，压力可见一斑。所以，要成为大舞台上的讲书人，就要在平时多参加中小型读书会的分享，积累经验。这就和脱口秀演员平时多去“开放麦”练习，最后才能去商演，是一个道理。

不同时长的讲书

讲书（从听众的角度讲，就是“听书”）的时长，从 1 分钟到 1 小时不等。不少人问我：不同时长的讲书，区别究竟是什么？接下来，就来聊聊这个话题。

讲书的共同点

不论是多长时间的讲书，都是对一本书及书中内容的传递、提炼和解读。我们要以书为纲，以人为本，既别生搬硬套，也别简单复述。

从信息传递的特点来讲，讲书是通过口头的传播，所以表述时都要考虑到语言的简洁、精准、清晰，也要考虑到听众能否听懂、记住、使用。这些跟讲书的时长关系不大。

不同时长的讲书，真正的区别在于听众听书的场景、内容的多寡，以及呈现的侧重点。

30 分钟以上的讲书

市面上主流的知识类 App 都会配上一档听书栏目，长的音频大多在 30～60 分钟。听众们的听书场景通常是在开车、做家务、吃饭时和睡觉前，状态比较放松。

30 分钟以上的讲书要以讲故事、讲案例为主，最好不要去讲难以理解的、复杂的概念。其核心是要有趣、有料，讲述的方式应该是娓娓道来，语言平实，层次清晰，节奏明快。

由于总时长比较长，每个音视频可以分成三个部分。每讲完一个部分，再回顾一下前面的内容，让听众始终能跟上节奏。当全部讲完后，再做一个总结，回顾全篇，让听众有获得感。

18 分钟的讲书

18 分钟的设定是源自 TED 演讲的时长原则。TED 之所以将演讲时间规定在 18 分钟以内，是因为 18 分钟足够长，可以呈现一个完整的主题或观点。18 分钟也足够短，根据科学研究，在一个封闭的剧场，用纯口语和 PPT 的展示方式，听众们专注力的极限是 18 分钟。

因此，无论是多么厉害的人物登上 TED 舞台，最多也只能讲 18 分钟。有了这个限制，反而可以让专业人士抛开一切寒暄客套话，聚焦在最重要的观点上，以精练准确的语言去呈现重点，打动听众的内心。

18 分钟讲书也是一样。讲书人要设计一个贯穿整个讲书作品的主线，所有的表达都要围绕这条主线，将书中的精华植入听众的内心。

主线好比一棵树的主干，而四周的树枝就构成了演讲的结构。不同的讲书可以有不同的结构与之匹配。有一个简单却很经典的结构，可以用在 18 分钟讲书上：

- 引入：讲的书的主题是什么?
- 背景：为什么这个主题很重要?
- 书中的主要概念是什么?
- 听众该如何实践?
- 结论是什么?

对于一场 18 分钟的讲书，凡是与主线无关的“树枝”都是冗余的，应该删减。

讲书人给听众的不仅是知识的传递，更多的是情感上的体验。如果是在一个 18 分钟 TED 式的讲书舞台上，现场呈现还要注重布景设计、视觉表现、声音效果等综合因素，要让听众在 18 分钟里不走神，还能产生共鸣。

8 分钟的讲书

某档电视节目要求讲书人在 8 分钟的时间里，以说故事的形式，轻松、活泼、生动地分享一本书。讲书上可以让观众用最简洁的方式碰触到书籍的精髓，进入一个又一个迥异又奇妙的书中世界，非常值得推荐。

对听众而言，8 分钟的时间既不会长到让人失去耐心，也不会短到感觉浅尝辄止。8 分钟时间依然可以承载很多内容，关键在于抓住核心观点，巧妙设计开头、中间、结尾，深入浅出地讲解。

3 分钟的讲书

这是介于 1 分钟和 8 分钟讲书之间的时长，准确地讲，应该是 3～5 分钟的讲书。它的播放场景是在电台或短视频平台。

世界上大多数歌曲都是 3～5 分钟。因为这个长度的歌曲既能表达出演唱者的情感，也能让听众和歌曲产生共鸣，还不觉得腻味，最合适不过了。

一篇优秀的 3 分钟讲书作品也是一样的，既要能完整表达出书中的精华，也要能让听众有所收获。

在我自己的讲书训练营中，设置的视频打卡作业也是 3 分钟。这就要求讲书人浓缩精华、不讲废话，对受众的收听、观看也比较友好。

1 分钟的讲书

微信语音的设计每一段最长是 1 分钟，早期短视频的要求也是 1 分钟以内。1分钟讲书作品在短视频端口将具有巨大的潜力。微信公众号“罗辑思维”的每日1分钟语音做得非常好，是学习的榜样。

其实，时间越短的讲书，越难讲好。普通人1分钟大概是能讲200～250个字。要在这么短时间里介绍完一本书，几乎是做不到的。我们只能选取书中一个观点，或是这本书的特别之处，以点带面，推荐给大家。

1分钟讲书最关键的是不要贪多，学会做减法，做到惜字如金。这对于讲书人是非常大的考验。我自己每天会进行1分钟讲书打卡。起初，每次1分钟的讲书作品都要反复压缩、修改，往往要准备30分钟以上。后来，熟能生巧了，准备的速度就越来越快了。

分享一个1分钟讲书的模式：

书名＋作者＋核心观点＋故事／案例＋收获／感悟

根据这个方法，反复练习，你就可以快速准备出一个200～250字的讲书稿。下面这个《小王子》的讲书作品就是按照这个公式写出来的。

《小王子》讲书稿

有一本书自问世以来，全球畅销5亿册，发行量仅次于《圣经》，它就是《小王子》，作者是法国作家圣·埃克苏佩里。书里有这么一句话让人印象深刻：所有的大人都曾经是小孩，虽然只有少数人记得。

小王子来自一个名叫B612的星球，怀着探索世界的渴望，离开了自己的星球。他生性纯良，像精灵一样，把一切看得极为透彻，能看到成年人看不到的东西。比如，别人都认为飞行员画了一顶“帽子”，而小王子一眼看出是“蟒蛇吞大象”。

这本书向孩子们展示了真实的成人世界，也试图把丢失了自我的成年人拉回童年。正如作者告诉我们的：拥有一颗童心是幸运的。希望你历经千帆后，依旧童心未泯。

不同性格特质的讲书人应该如何讲书

当你看到讲书领域有那么多优秀的讲书人，他们各有所长，或幽默，或严谨，或娓娓道来，或声情并茂，羡慕之余或许也会有些迷茫，不知道自己究竟应该学习哪种风格。这让我想起著名画家齐白石先生的一句话：学我者生，似我者死。

其实，要成为一名讲书人，首先要对自己的性格有清醒的认知，找到适合自己的风格才是最好的。我学习过 DISC 性格特质理论，这套理论可以帮助不同性格特质的讲书人打造出不同的讲书风格。

DISC 性格特质

DISC 把人类性格分为四类：D 领导型、I 社交型、S 支持型、C 思考型。D 型人是领导型，带领大家改变现状，代表人物是拿破仑；I 型人充满正能量，总能给身边的人带来欢乐，代表人物是克林顿；S 型人懂得欣赏他人，追求和平，代表人物是甘地；C 型人是智慧的代表，能够指点他人，代表人物是比尔 · 盖茨。一般人会包含性格特质中的 1～3 项，其中 1～2 项尤为突出。

在思考和交谈的过程中，更关注人的倾向于 D 领导型和 I 社交型；更关注事的倾向于 C 思考型和 S 支持型；在行动速度和效能上，做事快的人更倾向于 I 社交型和 S 支持型；做事慢的人更倾向于 D 领导型和 C 思考型，参见图 7–1。

图 7–1　DISC 行为模式理论

图片来源：《DISCOVER 自我探索》，作者李海峰。

D：领导型

领导型的人性格坚定、霸道、目的性强。他们气场强大，有极强的存在感，善于借助权利掌握局势，而且时间观念强。他们做事时注重决策权，平时喜欢快速决策，抓大放小。日常状态是面无表情、忙碌，容易急躁，面对攻击会斗志昂扬。领导型的人在管理层和销售层可能会比较多。

I：社交型

社交型的人性格开放、敢爱敢恨。他们出场时动静大，着装鲜艳出挑，说话表情丰富、声音响亮、语言幽默有感染力，能够给身边的人带来快乐。他们做事有创意，想象力丰富、有趣。平时容易不守规矩，做事凭心情，在钱财上比较大方。这类人朋友多、人脉关系广泛。社交型的人在营销和公关类岗位较多。

S：支持型

支持型的人性格腼腆、乐于助人、为人平和、不喜冲突，经常迁就他人。他们总是默默地承受压力，日常中比较敏感，很在乎他人的感受。他们会赞美，会主动道歉，懂得支持他人，平时着装低调，喜欢按规矩做事，不善于面对新挑战。这类人多从事行政类和人力资源类的工作。

C：思考型

思考型的人善于思考，擅长深入分析，喜欢用数据说话。他们倾向于与人保持距离，社交敏感度不高，不善于平和地化解压力。平时外表简单整洁，做事有条理，追求精确，全盘考虑清楚才会发表观点，有时有点过度纠结细节。他们更多从事科研方面的工作（参见图 7–1）。

不同性格特质的讲书人擅长的讲书内容和表现形式

D 型和 I 型是主动的，S 型和 C 型是被动的。D 型和 C 型是就事论事的，I 型和 S 型是感情用事的。在生活工作场景中，各种类型的人都有。但有趣的是，一到了台上，原来是 S 型和 C 型的人可能就会变成 D 型和 I 型，一下台，就会变回 S 型和 C 型。这就是一种自我调整。

什么样特质的人做什么样的讲书内容效果最好，又能够最大程度地发挥自己的特长呢?

D 型

内容：书里有鲜明的观点，有激励人的道理和故事。

表现形式：有非常自信的台风，强有力的语气，以及一种舍我其谁的霸气。

讲书技巧：采用金句升华、重复排比等，号召行动。

在讲书的时候，D 型人可以更多注重与观众之间的交流互动，也可以适当调用 S 型特质，多关注一下大家对你讲书的反应。不要只凭自己的想法一味去灌输，要多用一些眼神上的交流和互动。

I 型

内容：根据观众的喜好设计自己的故事和讲书结构。

表现形式：幽默讨巧，与观众互动，亲近，接地气。

讲书技巧：提出问题，设置悬念，风趣幽默，出人意料，扮演角色，讲述故事。

I 型人可以适当调用自己的 C 型特质，在说话的时候尽量保持一种逻辑性，并注意时间的把控。因为 I 型的人说起话容易收不住，那么对于时间的把控训练就显得非常必要了，可以使用计时器，帮助控制时间。

S 型

内容：书里有案例，比如他人学习成长的故事。

表现形式：真诚，谦逊，娓娓道来。

讲书技巧：引用时事，描述细节和感受。

S 型人比较不喜欢冲突，很有可能在讲书中被观众的一些问题或言论带偏，所以可以适当调用自己的 D 型特质。在讲书之前务必要整理好书中的观点，讲的时候做好论证说明。

C 型

内容：书里有事实和数据。

表现形式：逻辑严密，条理清晰。

讲书技巧：采用理性的结构（比如总分总），摆数据，讲案例。

C 型的人容易进入一个误区，那就是过多地进行细节描述。因此，要明确讲书的重点，可以适当调用自己的 I 型特质，关心一下听众的情绪，在讲书的时候要有重点，并适当营造稍微轻松一些的氛围。

不同性格特质的讲书人风格的调整

对于不同特点的讲书人来说，由于每个人呈现出来的讲书风格不一样，很难说哪种好或者不好。如果某一种典型特质使用过多，就可能会带来不太好的讲书效果。讲书人应该不断修炼和精进，适当地调整自己的特质，才能更好地给听众呈现一场精彩的讲书。

直播讲书变现：阅读和直播

2020 年开始，由于新冠肺炎疫情的原因，线下实体书店的生意受到了重创，但直播电商却火了。现在几乎所有的电商平台都开通了商家直播功能，图书也成了一个热门的直播带货品类。

当年 3 月 9 日，许知远联合某知名主播、淘宝直播发起了“保卫独立书店”直播。4 月 30 日，白岩松积极响应“拯救实体书店”的呼吁，直播 180 分钟为书店“带货”卖书。此后，不少图书领域创作者转型为带货达人。抖音官方数据显示，2020 年初，某图书带货大 V 来到抖音，六个月卖出了 1500 万册图书，2021 年 4 月的北京图书订货会的直播销售额达到 800 多万元。

对于我们普通人而言，恐怕无法一下子做到这样的成绩。但如果你有不错的表达能力，愿意通过直播平台分享、推荐好书，顺带卖书变现，那也是一个不错的副业。说不定，你也能成为一位直播卖书的达人。

直播讲书的特点

直播的特点是门槛低，现在不少直播平台都很友好，开启直播非常方便。相比图文、语音、短视频，直播对用户的吸引力会更强。用户能看到主播的脸，听到他的声音，这样会更容易认可一个人。直播的互动性强，可以随时与用户产生互动反馈。如果直播间的交流氛围好，用户更容易受到主播的影响而下单卖书，这也顺应了现代人的消费习惯。

跟其他场景的讲书不同的是，直播讲书的目的是为了卖书。这时候，你的状态就不能像一个“老师”在讲解这本书，而要转为一个“推销员”的角色，去介绍这本书好在哪里，为什么值得购买，你甚至可以多展示书的样式、大小、厚薄、纸张、内页配图等，让用户有更加直观的感受。

直播讲书的流程

当然，要成为一名优秀的直播讲书带货达人，功夫不仅仅是在镜头前，直播其实是一个系统运作。

2020 年国内某社群营销专家在京东直播，帮“剽悍一只猫”推广新书《一年顶十年》，两个半小时一共卖出了 15 000 多册书，成绩斐然。《直播电商实战一点通》这本书里完整地拆解了这场直播背后的整套流程。

预热宣传：凡事预则立，不预则废

直播的流量有的来自站内，有的是主播自己的私域流量。直播前务必准备好精致的海报，吸引人的文案，提前一天发布预热，为直播间造势引流。海报多呈现直播福利，吸引大家关注。文案中可以多加一些悬念，引发读者的好奇心。

设备道具：工欲善其事，必先利其器

好的直播效果离不开使用好的设备、道具营造环境。如果是使用电脑直播，那就要让主播置于画面中央，这样人机的距离就比较近，可以创造出主播和用户之间面对面的效果，更显亲和力。直播所需要的收音设备、支架、补光灯都是必不可少的。除此以外，还可以做一些直播举手牌，即便是中途进来的陌生用户也能快速知道主播在讲什么。

流程协作：直播的设计与控制是成功的关键

一场直播往往长达两个小时，甚至更长的时间，所以需要把过程拆分成若干个单元，每个单元都有相对应的提前设计好的脚本，这样便于把控直播的节奏。一般来说，直播大致可以分成这五个环节：前期检查、暖场

预热、开场介绍、卖书环节和下播感谢。这里面最关键的环节当然就是卖书环节，卖书时要给足下单的理由。

要注意的是，书籍是一个标准品，价格是固定的，而且通常电商平台的图书都有折扣，就算你的推荐打动了用户，用户依然有可能看完直播后去网上下单。所以，要么你卖的书是作者签名版，市面上买不到，要么是你的书价有很大的竞争力，比其他渠道更便宜。如果这两个条件都不具备，我建议你可以在直播间多使用一些营销手段，比如，下单就送包邮福利、团购福利等。

还有一种做法也很有效，你可以把书和其他商品捆绑销售，比如把书和与之相关的课程打包一起卖。总之，要让用户感受到只有在你的直播间里才能获得这样的福利，他才会下单。

直播过程中，主播与用户的互动非常重要。事实证明，有大量互动的直播间，用户更愿意留下来。主播可以让用户回答一些问题，或是随机抽奖，也可以采用唱歌这样的方式，保持直播间的气氛活跃。互动时的节奏性和多样性非常重要，每隔几分钟就可以抽个奖，否则观众要会离开。互动前最好让观众熟悉你的直播节奏，知道多长时间会抽奖，这样就能产生期待感。

要知道，一场专业的直播绝对不是主播一个人在战斗，背后是有专业分工的团队在支撑的。比如，有后台助手负责后台截屏、抽奖、看数据，有直播助理负责把控节奏、举牌互动等。高效的团队协作能够减少不必要的混乱，增加直播的效果。

风格人设：独一无二的风格更能吸引用户

市面上的主播们百花齐放，各领风骚，每个讲书主播也是独一无二的。不过，以下几个风格特征让直播更能吸引用户。

镜头感：线上直播看不到真人，所以需要在直播全程多直视镜头，创造面对面向用户推荐的感觉。

亲和力：主播要具有亲和力，不要端着，可以穿得休闲点，全程保持微笑，这样能够拉近与观众之间的距离。

感染力：主播的表情可以丰富点，自然而不做作，经常哈哈大笑能产生很强的感染力。

做直播对个人的要求还是挺高的，偶尔一场的成功或失败都不重要，重要的是你能否一直坚持做下去。有句话说得好，第一场直播做得怎么样并不重要，重要的是第 100 场。

当你坚持天天做直播，久而久之，你的“网感”就能培养起来，也会越来越得心应手。毕竟，熟能生巧是不变的法则。

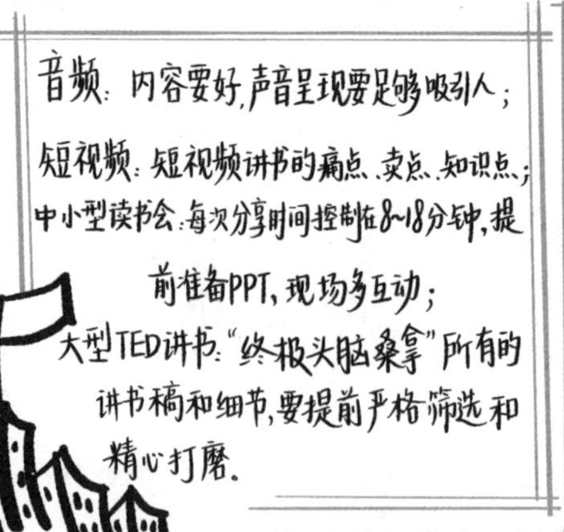

讲书的维度

不同场景的讲书怎么讲

音频：内容要好，声音呈现要足够吸引人；

短视频：短视频讲书的痛点、卖点、知识点；

中小型读书会：每次分享时间控制在8~18分钟，提前准备PPT，现场多互动；

大型TED讲书："终极头脑桑拿"所有的讲书稿和细节，要提前严格筛选和精心打磨。

不同类型的书怎么讲

- 主食阅读：以致同类、个人成长管理类为主；
- 美食阅读：以历史、社科、人文、哲学、传记、艺术、科普类为主；
- 果蔬阅读：以生活、旅行、金融理财、商业经济、心理学类为主；
- 甜点阅读：以文学、散文、随笔、杂记、小说、绘画类为主。

直播讲书变现 阅读和直播

- 宣传预热；
- 设备道具；
- 流程协作；
- 风格人设。

不同时长的讲书怎么讲

30分钟以上：讲故事、案例为主；

18分钟：设计一个贯穿整个作品的主线；

8分钟：抓住核心观点；

3分钟：浓缩精华，不讲废话；

1分钟：书名+作者+核心观点+故事/案例+收获/感悟。

不同性格特质的讲书人应该如何讲书

D：多去注重与观众交流互动；

I：保持逻辑性、时间把控；

S：整理好书的观点；

C：营造轻松氛围。

——视觉笔记：一伊

附录 讲书准备工具库

了解听众

在你要讲书前，要先描述这次讲书的听众以及他们的需求（利益）。

描述	特征
听众的情况 • 年龄分布 • 性别比例 • 人数 • 学历 • 职业 • 兴趣 • 痛点 • 期望	
听众的利益 • 对什么感兴趣 • 在乎什么 • 面临哪些问题 • 有什么要注意的 • 听众能从中得到什么	

选择书籍

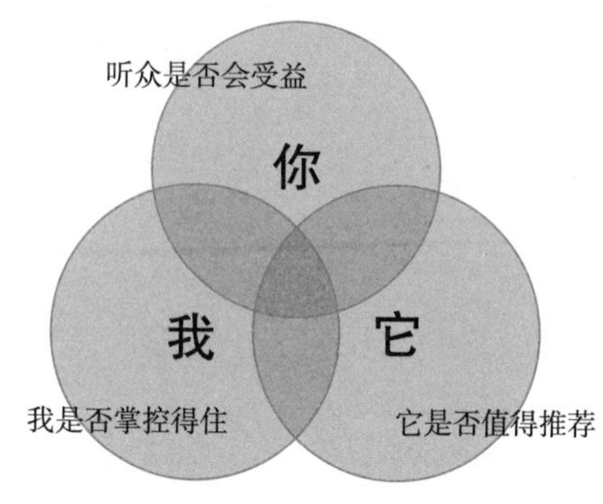

你要讲的这本书是：______________

形成结构

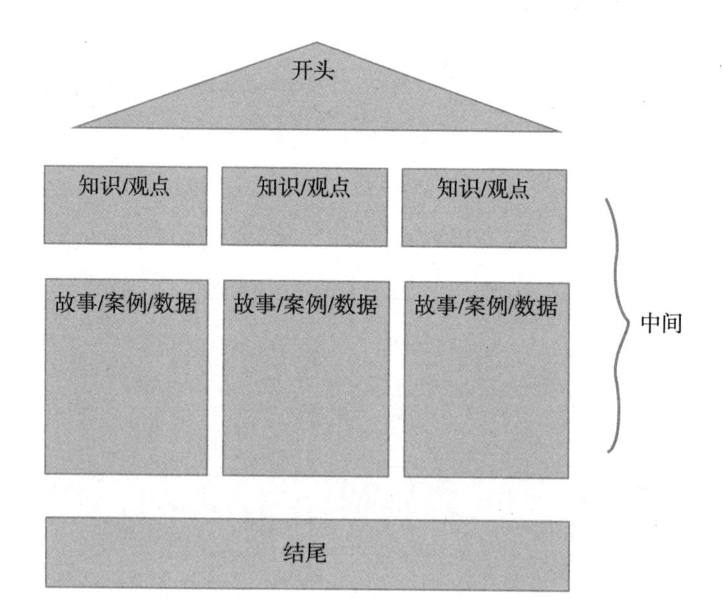

编排呈现

格式	指导原则	你准备如何呈现
凤头 （开头）	开场白，激起听众对演讲的注意和兴趣	
猪肚 （中间）	根据讲书的时间长短，建议准备三个模块，包括第二层的内容	
豹尾 （结尾）	以一个令人难忘的结尾结束演讲	

讲书素材收集一览表

书名		作者		类别	
中心思想					
论点 / 概念					
故事 / 案例					
收获 / 感悟					
金句					

后记

讲书，让阅读流行起来

几年前，有组数据表明，2014 年我国成年人的年均阅读量仅为 4.5 册[①]；而同年，以色列人的年均阅读量是60本，这件事给了我很大的刺激。为何泱泱五千年的文明古国现如今却很少有人看书了。是因为人们时间太少了，工作太忙了，还是压力太大了?

自 2014 年起，“全民阅读”连续九次写入政府工作报告。随着全社会的阅读推广，阅读风尚日渐兴盛，促生了许多不同类型的读书会。原本私人化的阅读也成了带有社交属性的读书分享。读书会，更是成为许多爱书人交流知识、思想的地方。

作为一个阅读推广人，我时常想怎样才能激发大家对阅读的兴趣。后来我发现，讲书是一种不错的方法。讲书人可以通过各种媒介，分享一本好书，听书人也可以快速接触和了解到一本好书。这样做能够营造一种大家一起学习的氛围，是一件利国利民、利己、利他的好事。

---

① 数据来源：中国新闻出版研究院 2015 年 4 月 20 日发布第 12 次全国国民阅读调查成果。

从个体的角度来看，我们正处在一个个体崛起的时代，具备产品能力是我们每一个个体所需要的底层能力。我们在读书学习之前，不管采用哪种学习方式，首先要建立一个产品化的概念。我们可以给自己下一个任务，每次学习完，就要生产出一个像样的产品来。

每一次的讲书，就好比一个阅读的产品。讲书的过程，也是一次对所读的书再创造的过程，是一个阅读产品化的过程。读完这本书，我也非常希望你可以动起来，去打磨出一个属于自己的讲书作品。

如果你已经听过很多人分享好书的音频，或是参加过线下读书会，那么你自己为什么不也来讲一本书呢？我建议你给自己定一个小目标，比如，一年可以输出几次“阅读分享”，讲几本好书给别人听。相信我，讲书是一个非常有趣又非常具有挑战性的事情，一旦投入，你将会受益匪浅并获得无穷的乐趣。

我期待，将来我们在制订个人计划的时候，不再是以单纯地读了多少本书来评价自己的学习成效，而是以成功地讲了多少本书来衡量。我也期待，今后我们每个人在学习的路上，可以不再是一个人埋头苦读，而是一种联机学习。

100 个人在一起读书，每人都分享一本自己的爱书，你就会得到 100 份不同的阅读收获。到那时，我相信每一座城市里书店的灯光将不再熄灭，我们的国家和社会也会越来越美好。

在此，我也感谢你对我阅读推广的梦想的支持。让我们一起通过讲书这件事，让阅读流行起来吧！谢谢！

最后，再来聊聊这本书的出版。对我而言，讲一本书可能不算太难的挑战；然而，要写一本书，对我来说就很不容易了。这也让我对每一本书的作者的敬意更加深了一层，我会力求在讲书时，更好地传递每本书的价值。

幸运的是，在这本书的写作过程中，我得到了很多贵人的帮助，比如，本书的编辑白桂珍老师、插画师一伊老师、我的太太刘敏，以及给予我大力支持的秋叶大叔团队、孝莉、秦庆瑞、周亚菲、白羽、虚舟、安月白、王小芳、王婷、Suki、汤金燕、秦阳等老师。

值得一提的是，书中的不少案例都是来自我的讲书人朋友和学员们，感谢你们提供了如此丰富多彩的素材。我从你们的讲书作品中获得了很多知识和力量。这也是咱们一起共同创作的一本书。

我还要感谢此刻翻阅这本书的你。我猜你一定是一位喜欢读书、乐于分享的读者。其实，我特别好奇你会如何给身边的人介绍这本书。我有一个提议，也是我自己的小私心，如果你还从未尝试讲过一本书，不妨就从这本书开始吧。

北京阅想时代文化发展有限责任公司为中国人民大学出版社有限公司下属的商业新知事业部，致力于经管类优秀出版物（外版书为主）的策划及出版，主要涉及经济管理、金融、投资理财、心理学、成功励志、生活等出版领域，下设“阅想·商业”“阅想·财富”“阅想·新知”“阅想·心理”“阅想·生活”以及“阅想·人文”等多条产品线。致力于为国内商业人士提供涵盖先进、前沿的管理理念和思想的专业类图书和趋势类图书，同时也为满足商业人士的内心诉求，打造一系列提倡心理和生活健康的心理学图书和生活管理类图书。

《写作即疗愈：用文字改写人生》

- 作者埃利森·凡伦是作家、演说家和写作教练。
- 要为生活打开新的局面，语言是你可用的最有力的工具之一。

《拆解一切故事写作》

- 新手写作快速入门。
- 灵感碎片、情节设置、人物塑造……成功结尾，手把手传授写作技巧，铲除写作过程的每个问题。